A natureza do amor

Dados Internacionais de Catalogação na Publicação (CIP)
(Câmara Brasileira do Livro, SP, Brasil)

Kast, Verena
A natureza do amor : padrões de relacionamento humano / Verena Kast ; tradução de Paulo Ferreira Valério. Petrópolis : Vozes, 2023.

Título original: Paare – Wie Beziehungsphantasien unsere Liebe prägen
ISBN 978-85-326-6527-0

1. Amor 2. Relações interpessoais I. Título.

23-166259 CDD-158.2

Índices para catálogo sistemático:

1. Relações interpessoais : Psicologia aplicada 158.2

Aline Graziele Benitez – Bibliotecária – CRB-1/3129

VERENA KAST

A natureza do amor

Padrões de relacionamento humano

Tradução de Paulo Ferreira Valério

Petrópolis

Tradução do original em alemão intitulado *Paare – Wie
Beziehungsphantasien unsere Liebe prägen*

Direitos de publicação em língua portuguesa – Brasil:
2023, Editora Vozes Ltda.
Rua Frei Luís, 100
25689-900 Petrópolis, RJ
www.vozes.com.br
Brasil

Editoração: Maria da Conceição B. de Sousa
Diagramação: Raquel Nascimento
Revisão gráfica: Alessandra Karl
Capa: Rafael Nicolaevsky

ISBN 978-85-326-6527-0 (Brasil)
ISBN 978-3-8436-1191-6 (Alemanha)

Este livro foi composto e impresso pela Editora Vozes Ltda.

Sumário

Introdução à edição alemã de 2019

Muito me alegra que a Editora Patmos tenha lançado uma nova edição deste livro. As histórias mitológicas que servem de modelo para nossas fantasias de relacionamento naturalmente não se modificaram. As histórias mitológicas lidam com temas universais que correspondem às necessidades fundamentais da vida humana. Histórias de amor e de separação, de união de opostos, mas também do anelo pelo totalmente Outro fazem parte do tesouro narrativo da cultura humana, assim como do tesouro de fantasias de todos nós. Histórias que nos são contadas levam-nos a experimentar nossa vida como reação a tais histórias, mas nossa vida também influencia as histórias que contamos.

Assim, igualmente neste livro reeditado, as histórias permaneceram as mesmas. Reescrevi, isto sim, o último capítulo no qual me ocupo mais teoricamente com os conceitos *anima* e *animus* de C.G. Jung. Para este capítulo afluíram minhas pesquisas dos últimos 25 anos.

Sou grata à Editora Patmos e, acima de tudo, à Sra. Dra. Christiane Neuen, pelo fato de este livro, que me é muito caro, estar novamente disponível.

Verena Kast

St. Gallen, maio de 2019

Prefácio

Nas fantasias de relacionamento que cultivamos e de que desfrutamos principalmente em tempos de grande paixão, o parceiro é idealizado, mas também idealizamos aqueles lados em nós nos quais o parceiro se compraz. Esta idealização está de acordo com a natureza do amor. Ela faz com que venham à luz nossas melhores possibilidades e que nós possamos mudar para além daquilo que já nos tornamos. Tais fantasias subjazem a todo relacionamento, mesmo que delas não estejamos conscientes.

Em meu trabalho com pessoas enlutadas, sempre me chama a atenção o fato de que as que podem mais facilmente aceitar a perda são aquelas que conhecem claramente quais fantasias as ligaram ao parceiro falecido durante o tempo de seu relacionamento mais vívido, mas que também enxergam quais aspectos de sua personalidade esse parceiro reconhecia preferencialmente e, portanto, conferiu-lhes vida. Elas sentem-se não despojadas apenas, mas experimentam explicitamente o que o parceiro revitalizou nelas e o que também não lhes pode ser tirado mediante sua morte.

Com frequência, o passo decisivo no processo de luto é justamente pôr a descoberto essas fantasias de relacionamento que, naturalmente, mudam no decorrer de uma vida, a fim de que se torne visível o significado do relacionamento para o próprio processo de desenvolvimento e para a própria vida.

A essas fantasias de relacionamento, inicialmente idealizadoras, subjazem as imagens mitológicas das núpcias sagradas – tais como as concelebram Shiva e Shakti, Ishtar e Tamuz, Zeus e Hera –, nas quais se representa a união entre o céu e a terra, a fim de causar a origem de toda a vida e de conservar a fecundidade desta.

Partindo dos mitos das núpcias sagradas, gostaria de mostrar como os relacionamentos humanos, representados em histórias de relacionamentos, em sonhos, na fantasia, na literatura, espelham esses casais divinos. Os mitos são histórias que nos podem oferecer orientação.

Neste livro, gostaria de incentivar a perceber as fantasias de relacionamento e sua grande importância dentro da parceria, mas também no mundo intrapsíquico, e gostaria de mostrar que o amor desperta em cada parceiro imagens do feminino e do masculino em uma conexão especial e, com isso, a sensação de totalidade, mas também a sensação de vivacidade e de encanto da criação.

Nas fantasias de relacionamento aparecem explicitamente a *anima* e o *animus* em sua conectividade. Estes conceitos de C.G. Jung serão apresentados e discutidos no último capítulo. O presente livro foi escrito sobre o pano de fundo de minha visão de *anima* e de *animus*, sem que eu recorra aos termos no texto.

Minha intenção é investigar os casais divinos com suas histórias de relacionamentos na alma do ser humano, e mostrar que importância têm para nossos relacionamentos e para nosso próprio desenvolvimento.

Ao mesmo tempo, é-me particularmente importante refletir sobre a mudança das fantasias de relacionamento em sua problematicidade e em sua fecundidade para a vida que vivemos, visto que as fantasias de relacionamento correspondem aos nossos anseios mais profundos, os quais, quando não os percebemos, expressam-se em censuras contra o parceiro.

Gostaria de agradecer a todos os que acompanharam e visibilizaram as ideias deste livro, principalmente também os que me permitiram recorrer, nestas páginas, a uma parte de suas histórias, sonhos e fantasias. Agradeço de modo especial a Hildegunde Wöller, que originalmente animou-me a escrever este livro e o corrigiu com amorosa atenção, e à Sra. Dra. Christiane Neuen, pela ideia de reeditá-lo.

1
Fantasias de relacionamento e casais divinos

Pois a vida é o amor,
vida da vida é o espírito.
Zuleica

Travessia para a outra margem

A sequência de imagens de um sonho pode dar, logo no início, uma ideia de como pode parecer uma fantasia de relacionamento:

> Deixei para trás nossa paisagem montanhosa e deambulei ao longo de um rio. Senti-me sozinho e também livre, mas a sensação de ausência de pátria superou a sensação de liberdade. Olhei repetidamente ao meu redor, caso pudesse ver ao menos uma pessoa familiar. Não conhecia ninguém. Contudo, havia pessoas ali de quem eu tinha medo, pois pareciam tão violentas, e havia ali pessoas, enfim, que, totalmente retraídas, pareciam não reparar em mim. Lentamente se tornou claro

para mim que eu não estava ameaçado, a não ser pelo fato de que ninguém tomava conhecimento de mim...

Ali, onde costumava haver uma ponte sobre o rio, havia – como nos tempos antigos – uma barqueira. Junto a ela encontrava-se um jovem. Ambos pareciam amar-se muito, sem que isso fosse expresso por gestos. Era simplesmente visível. Ele era juvenil – de algum modo velho também – e parecia um moço a quem sempre vinha algo em mente. Ela era maravilhosa, exótica, muito cautelosa e completamente concentrada em seu trabalho. Ambos estavam absolutamente muito concentrados em seu trabalho.

Fui acometido de um enorme desejo de pertencer-lhes, de ser aceito por eles. Enquanto permaneci no barco, encontrava-me na atmosfera deles, sentia essa unidade e essa pertença mútua de ambos e esse recíproco doar-se a algo.

Acordei lentamente, mas ainda tentei protelar o despertar. Profunda tristeza tomou conta de mim: os dois seriam também separados, já não poderiam permanecer em unidade. E eis que consegui, uma vez mais, recuperar a atmosfera daquela harmonia... Os dois não pareciam pessoas humanas, pareciam deuses encarnados...

Este foi o sonho tido por um homem de 28 anos que, na noite anterior, conhecera uma mulher que muito o fascinara.

Dedicara parte da noite a projetar fantasias de relacionamento com essa mulher: imaginou-se como iria encontrá-la da próxima vez, o que gostaria de dizer-lhe. Imaginou-a também visualmente, tentou evocar novamente sua imagem da memória. Via-se com ela em diversas situações como um casal, tentou projetar diálogos entre si, inventou apelidos carinhosos para ela e excogitou também que apelidos carinhosos ela poderia inventar para ele... Quando, porém, em seguida, finalmente adormeceu, teve o sonho narrado, que o comoveu profundamente e lhe deu o que pensar. Ficou particularmente tocado por esse casal que se lhe afigurou tão divino e, no entanto, humano também. Mas o que o fascinou de modo particular não foram apenas as figuras individualmente, as quais, ao despertar, já não lhe eram tão presentes visualmente, mas antes, a interação de ambas. Isto já se exprime em sua descrição. A "unidade", a "harmonia" de ambos, a maneira como "se dedicam juntos a algo" – são estas as palavras que ele sublinha quando descreve a experiência onírica. Em suas associações, diz ele repetidas vezes: "Eu tinha a sensação de ser todo inteiro, por isso não queria acordar; isso é 'totalidade' e é também 'mistério'. Esse casal significa para mim um mistério encantador; ele tem a possibilidade de me mostrar algo completamente novo em minha vida: posso experimentar algo novo, que ultrapassa o que já experimentei até hoje".

Que ele possa experimentar algo novo com o casal já está expresso na imagem da travessia do rio, rumo à uma nova margem. Do mesmo modo, porém, no estar emocionalmente fascinado por esse casal – o que o leva a dizer que seriam deuses que desceram às pessoas –, indica-se bastante uma qualidade do transcender, do exceder a qualidade cotidiana da vida.

O casal não o faz lembrar das fantasias que ele havia elaborado durante a noite, antes de ter o sonho: a barqueira não se parecia com a mulher que no dia anterior tanto o encantara, quando menos ele não podia afirmá-lo. Ele gostaria de ser como o homem do sonho, que seria sábio e lhe dera a impressão de que seria criativo em qualquer situação. Mas ele não teria sido algo assim como um tipo extremamente eficiente, tal como se encontra frequentemente no dia a dia; seria, antes, um homem meditativo, mas também inteligente, simplesmente muito cheio de vida.

Ele também se sentiria assim cheio de vida, desde que conhecesse essa mulher, e tal como ambos se teriam concentrado juntos em sua tarefa, assim também ele gostaria de viver um relacionamento: seria seu ideal. Contudo, os dois do sonho seriam pessoas tão extraordinárias, se é que se poderia, em todo caso, descrevê-los como seres humanos, e ele próprio, no entanto, não tão extraordinário assim; é provável que eles representassem, outra vez, um de seus ideais elevados.

Também preocupa o sonhador o fato de que ele, no sonho, deixa uma região que lhe era familiar, na qual ele se sentia "em casa". O amor que está desabrochando é apresentado no sonho também como o abandono da paisagem de sua juventude. O sonho mostra ainda como ele incialmente se sente sozinho, como essa partida traz não somente liberdade, mas também insegurança, que ele está ligado ao medo, acima de tudo também ao medo de já não ser suficientemente notado no novo ambiente. Estas cenas oníricas podem também ser compreendidas, naturalmente, de tal forma que todas as pessoas que aparecem no sonho sejam compreendidas como parte da personalidade do sonhador: que, portanto, os homens violentos – ou os homens supostamente brutais – seriam aspectos masculinos brutais dele próprio, os quais se mostram nesta situação de insegurança que a partida significa. Ele tem medo, por exemplo, de tornar-se também brutal em uma situação muito exposta. Entretanto, ele não se detém no aspecto inquietante do sonho: ele segue um rio que ele conhece muito bem e do qual ele também sabe onde se encontram as pontes. Todavia, quando chega ao ponto do rio onde é possível atravessar, já não existe – contrariamente à realidade – nenhuma ponte. O rio nativo modificou-se. Em lugar das pontes há um "casal barqueiro". Este casal transpõe-no para a outra margem – para novas possibilidades.

Este sonho foi desencadeado provavelmente pela paixão que irrompeu nele na véspera e por meio das intensas fantasias que se desenvolveram, em seguida, em torno disso; suas fantasias são típicas da situação de enamoramento: nesta circunstância, elas costumam ser as mais vívidas, mais coloridas, uma vez que o enamorado é criativo. No entanto, não é somente na situação do enamoramento que temos fantasias de relacionamento, pois fantasiamos constantemente em torno de nossas relações. A maioria dos romances tem a ver com as fantasias de relacionamento do autor, e a partir da literatura, torna-se também visível que ele pode ter diversas fantasias de relacionamento.

Nosso sonhador também tinha várias fantasias de relacionamento. Repassava-as, por assim dizer, e procurava descobrir possivelmente quais dentre elas mais lhe proporcionavam satisfação; provavelmente também, quais mais o definiam como pessoa. Porém, inventou apelidos carinhosos que a mulher deveria imaginar para ele, rejeitava-os novamente etc.

É típico das fantasias de relacionamento o fato de que não apenas fantasiamos o parceiro ou um possível parceiro desejado, mas que mais ou menos conscientes, também nos vemos como uma personagem dessa história de relacionamento. Imaginamo-nos também como gostaríamos de ser, como poderíamos ser para tal pessoa amada.

O sonhador expressa-o quando diz que gostaria de ser como o jovem: meditativo, inteligente, cheio de vida. E na medida em que diz que se sente também tão vivaz a partir do momento em que conhece esta mulher, revela que, no fascínio por ela, está ansioso por vir à luz nele um lado vívido, inteligente, mas também sábio.

Essa mulher poderia amar o lado inteligente e vivaz dele em razão dele mesmo. Parece-me ser um aspecto extraordinariamente importante de um relacionamento: toda pessoa que nos fascina, ama algo em razão de nós mesmos, fala à nossa psique, o que, em seguida, pode ser trazido para a vida.

O que uma vez foi manifestado, muda nossa vida e a nós próprios. Mesmo quando nos separamos de uma pessoa, permanece aquilo que ela amou em nós, a boa impressão que nos causou e que também foi trazida à conversa, algo que já não pode desaparecer de nós, que pertence à nossa história de vida, que tornou tangíveis e palpáveis alguns aspectos de nós mesmos. Quando nos conscientizamos disso, com os relacionamentos que se desfazem, nem sempre nos perdemos a nós mesmos.

Naturalmente isto vale não somente para relacionamentos amorosos. Nas relações amorosas, esses aspectos apenas se tornam particularmente visíveis e tangíveis. Contudo, o que é visível em caso excepcional, em uma situação extrema da existência humana – e isto é o amor –, pode também se mostrar em relacionamentos menos dramáticos quando nossa vivência e nosso modo de ver se tornaram assim aguçados.

Agora se poderia achar que o sonhador já teria sido uma pessoa inteligente. Não é bem assim o que ocorre: ele é, antes, um homem um tanto lento, cauteloso, que gosta de que tudo ocorra conforme planejado, a quem falta certa agilidade. Por isso ele próprio estava tão admirado de que fosse capaz de elaborar fantasias tão "ousadas" sobre si e sobre sua possível parceira.

Tanto em suas fantasias de relacionamento quanto em seu sonho, fica claro que não se trata apenas de ver a si mesmo na forma desejada e a pessoa amada na forma almejada – também se trata disso –, mas a questão é, acima de tudo, que fantasiamos o tipo de relacionamento que também tem a ver com a maneira particular de ambos os parceiros.

Nas fantasias, quando acordado, os apelidos carinhosos são importantes para o sonhador. No caso, não se trata apenas do aspecto de proteção, mas também disso que os nomes carinhosos são, de fato, nomes novos, que os amantes se dão mutuamente; portanto, de aspectos das fantasias de relacionamento para uma pessoa muito especial: ela se torna, por exemplo, minha "joaninha-do-meu-coração", e ele, meu "besourinho". Apelidos carinhosos são expressão de um relacionamento bem específico, na maioria das vezes também para determinado período de tempo de um relacionamento, e quando um casal, em um momento posterior, retoma um apelido carinhoso do passado, então os dois recobram também uma fantasia de relacionamento que um dia esteve na base se sua parceria. Com esta retomada, mergulham outra vez em várias lembranças, e diversas experiências que naquela época os uniram, tornam-se vivas novamente. Contudo, os apelidos carinhosos também são expressão de que, no relacionamento, ambos mudam um pouco; neles, alguns aspectos se tornam vivos, os quais têm seu sentido somente em conexão com o parceiro[1].

No sonho, achava-se no primeiro plano principalmente a harmonia mútua de ambos, o que se mostra também no fato de que não precisavam de nenhum gesto para retratar tal

---

1. Cf. LEISI, E. *Paar und Sprache – Linguistische Aspekte der Zweierbeziehung*. Heidelberg, 1978.

unidade e de que estavam ligados reciprocamente à sua tarefa. Isto é manifestamente um desejo de relação do sonhador: juntamente com uma parceira, poder enfrentar uma tarefa apaixonadamente e, ainda assim, de modo inteligente.

Se considerarmos simbolicamente o casal do sonho como aquele que se constelou na alma do sonhador – ou seja, que expressa possibilidades de vida dele –, então está indicando este, de modo apaixonado e com a sensação de unidade – esta é uma sensação de ter sido bem-sucedido –, pode levar adiante sua vida. Na situação de enamoramento, porém, veremos nesta imagem de preferência uma fantasia de relacionamento: assim é que ele gostaria de ser capaz de viver um relacionamento com uma mulher. Ele próprio diz, em seguida, que isso representaria seu "ideal". O sonhador é uma pessoa cheia de ideais e é um pouco desconfiado de si mesmo, sempre que algo parece, assim, completamente ideal.

As fantasias de relacionamento, porém, referem-se ao ideal, e o parceiro amado é idealizado; caso contrário, não seria precisamente o parceiro amado. E não somente o parceiro amado é idealizado, mas a própria pessoa, igualmente, é sempre idealizada um pouco – como parte da fantasia de relacionamento com esse parceiro.

Dostoiévski expressou-o assim sugestivamente: amar alguém significa vê-lo como Deus possa tê-lo concebido. Pode-se completar esta declaração no sentido de que nós, quando somos amados, às vezes também nos sentimos como Deus nos possa ter concebido. É, provavelmente, da natureza do amor. Talvez o amor só surja, então, somente irrompa o amor quando perscrutamos as melhores possibilidades na pessoa amada e somos capazes de amá-las em razão dela mesma, possibilidades que a trazem para fora da estreiteza do que se tornou até agora, que abrem sua vida para algo que ela não julgou possível. E à medida que sondamos as melhores possibilidades na pessoa amada – ou, talvez, melhor: colhemos dela –, obtemos, como amantes, participação nela, e também em nós se despertam aspectos que ultrapassam o que nos tornamos, aquilo com que nos comprometemos.

O que vemos em uma pessoa amada pode ser uma "imagem ideal consolidada do seu si-mesmo"[2], que precisa justamente da fantasia de uma pessoa amada a fim de encarná-lo na vida cotidiana; inicialmente, porém, isso pode ser também apenas uma imagem idealizada do amante. Contudo, logo se seguirá o desengano, aparecerá a decepção. No entanto, é provavelmente o mistério do amor o fato de uma pessoa de repente angariar fantasia e coragem para ver em outra pessoa algo de que esta mesma talvez tenha uma ideia, mas ainda não conhece e com o qual jamais poderia envolver-se, se não lhe fosse despertado amorosamente, de fora, o interesse por isso.

Nas fantasias de relacionamento, projetamos no outro não apenas o que falta a nós mesmos e o que de nossa própria psique cresce em direção ao outro; a pessoa amada não é simplesmente um espelho no qual podemos chegar a nós mesmos. No

2. BLOCH, E. *Das Prinzip Hoffnung*. Frankfurt a. M., 1959, p. 378.

amor, entrevemos muito mais as melhores possibilidades em um parceiro e, mediante nosso amor, passamos-lhe a sensação de que ele as pode realizar. E se amamos verdadeiramente, também lhe perdoaremos caso ele, na realização de suas melhores possibilidades, fique muito aquém delas. Talvez, mais tarde, exatamente por ainda nos lembrarmos dos gestos do amor que estava a desabrochar, voltaremos a pensar que ligamos a essa pessoa tantas fantasias criativas, tantos sentimentos cheios de expectativas, e que a possibilidade de realizá-los permanece enquanto os conservarmos em nossa fantasia.

Isso certamente não deve ser compreendido como um ato de violência imaginativo. É um aspecto do próprio amor ver na pessoa amada várias possibilidades que permanecem ocultas àquele que não ama. Isso pode, exteriormente, parecer como a "cegueira" do amor; interiormente, é o dom da profecia, a oportunidade do amor. Este aspecto também está indicado no sonho.

O sonhador tem este sonho depois de muito ter fantasiado. O sonho, portanto, tem algo a acrescentar às suas fantasias de relacionamento. E, para ser exato, justamente nesse aspecto "ideal", conforme denomina o sonhador – ou também, se nos ativermos mais estritamente ao texto do sonho: o aspecto de um casal "divino" que, para o sonhador, aparece em figura humana –, não há distância demasiado grande entre ele e o casal.

O próprio sonho estimula essa visão ideal do relacionamento, mostrando que em todas as fantasias que têm a ver com a amorosa convivência cotidiana, alguma coisa nele é afetada, algo a que ele denomina "divino", que ultrapassa de longe o humano e, no entanto, pode-se tornar humano. Ideal, por certo – mas expressão do fato de que, quando amamos, tocamos esses aspectos ideais do humano, e que propriedades que atribuímos aos deuses, que na maioria das vezes nos parecem inalcançáveis, aqui, pelo menos como fantasia, como utopia, entram no âmbito do que pode ser vivido. Com isso, elas fortalecem extraordinariamente o portador dessas imagens em sua autoestima e lhe dão enorme impulso para a autorrealização, precisamente para a realização dessas imagens profundamente escondidas de si mesmo. Mesmo que tais imagens, na vida real, provavelmente jamais possam ser completamente realizadas, como utopia, como estímulo para o desenvolvimento, elas se encontram por trás de todo amor. Por trás de todo relacionamento do casal há fantasias de relacionamento experimentadas como ideais e que correspondentemente se encontram refletidos nos mitos dos relacionamentos dos deuses. Em tais relacionamentos ideais do casal, as pessoas imaginavam-se exatamente pelo menos como deuses. No confronto entre esse ideal e o que é vivível, desenrola-se a vida vivida, e nela mudam-se também as fantasias de relacionamento.

O escopo deste livro é, pois, compreender também algumas destas histórias tradicionais de relacionamentos entre deuses, como essas fantasias com que as pessoas ainda se envolvem em seus relacionamentos. Neste processo, trata-se também da tentativa de integrar aspectos masculinos e femininos da própria psique, o que, por sua vez, têm grande influência na maneira como mulheres e homens se relacionam mutuamente.

Gostaria ainda de analisar outro aspecto do sonho: o sonhador fala diversas vezes de que tem a impressão que desse casal de barqueiros emana uma sensação de unidade, e em suas observações a respeito do sonho fala de uma sensação de totalidade. Este é outro aspecto essencial das fantasias de relacionamento: se um casal assim se torna vivível para nós e desencadeia em nós tais sentimentos de totalidade, seja em uma fantasia, em uma imaginação, em um sonho, seja brotando de uma situação de relacionamento plenamente real – pelo que pode ser também o relacionamento com uma pessoa do mesmo sexo –, então nos sentimos também "inteiros", sentimo-nos idênticos a nós mesmos, sentimos que nós – passando por um processo de desenvolvimento – estamos em sintonia com a vida. Naturalmente buscaremos um parceiro que possa suscitar em nós o mais frequentemente possível esta sensação de totalidade, pois nada nos pode dar tanto a sensação da boa autoestima e, portanto, também de um bom estado mental quanto a experiência dessa totalidade. Apenas me parece que os parceiros não estão aí para manter esta totalidade em alguém; o fato de estimularem em nós tais imagens, trazerem essas imagens finalmente para dentro da vida e também nos obrigarem a lidar com tais imagens, a encarná-las, já é, provavelmente, o suficiente.

A conclusão do sonho é dominada pelo fato de que o sonhador não quer acordar porque, do contrário, esta sensação de unidade, de totalidade poderia se perder. Ele sente muito claramente que não apenas a unidade é uma realidade, mas também a separação, e, ao despertar, consegue viver alternadamente unidade e separação; ou seja, é capaz de superar, de algum modo, o medo da separação. Também isto é uma realidade: o problema da separação deve ser considerado em toda fantasia de relacionamento; as pessoas não podem apenas viver em união, precisam ser, uma e outra vez, sozinhas. E por mais que também no amor e nas fantasias de relacionamento que dele fazem parte a experiência da separação esteja e seja abolida, este é sempre apenas um aspecto da relação. E assim, no que se segue, teremos de lidar com ideais de relacionamento, comportamentos de apego e também com a necessidade da separação.

Gostaria de resumir e completar mais uma vez estas reflexões sobre as fantasias de relacionamento: na base de nossos relacionamentos encontra-se sempre uma fantasia de relacionamento. Essas fantasias são mais intensas quando estamos apaixonados; então, somos tomados por elas, modelando-as e vivendo nelas. Tentemos um dia, então, evocar uma dessas fantasias de nossa vida, ver ou recriar uma vez mais como enxergamos nosso parceiro ou parceira naquele momento – em algumas de suas diversas maneiras de se manifestar –, e tentemos investigar se à imagem do amado ou da amada não vinculamos também uma imagem de nós mesmos, e nesta imagem expressamos quem nós queríamos ser para tal parceiro. Minha tese é: em minhas fantasias de relacionamento crio um casal no qual, um dos aspectos não consiste simplesmente no meu eu, mas fantasio uma união entre mulher e homem que me promete totalidade, que me satisfaz, estimula e excita, realizada por um parceiro ou parceira. Na fantasia não se evidencia apenas o que esse parceiro, por exemplo, poderia ser para mim, o que vejo nele/nela, mas também minha ideia do que ele/ela ama em mim, quais as melhores ou piores características que ele/ela desperta em mim. Essa fantasia é ideal, vai muito além da outra pessoa, rumo a um anseio que toca o transcendente.

Incialmente, porém, nestas fantasias tornam-se presentes dois únicos seres em figura; a fantasia gira essencialmente em torno do relacionamento que estes dois têm reciprocamente, em redor de seu estilo de convivência, do desejo, da alegria e da satisfação que daí emergem, à volta dos medos com os quais se deve lidar.

Tanto as imagens dos parceiros quanto a forma de seu relacionamento dependem de diversos aspectos: do relacionamento com os pais, dos primeiros relacionamentos que lhes proporcionaram bem-estar, das concepções de normas sociais, tais como são mostradas, por exemplo, na TV e no cinema, mas também de imagens arquetípicas, e em conexão com isso, do anseio de vivenciar a totalidade na experiência do amor, experimentar que aquilo que está separado pode se tornar de novo uma unidade e como nós, nesta unidade, superamos a nós mesmos. Em uma fantasia de relacionamento, porém, está oculto também o anseio do próprio tornar-se inteiro, bem como a esperança de que seja superada a separação do semelhante. Ligado também a este nível arquetípico está o fato de que, no amor, vemos o parceiro, mas também nós mesmos como amantes, como Deus nos pode ter concebido. O que é mais estimulante no amor é que ele, nas fantasias de relacionamento, faz-nos aparecer sob nova luz – como nós, no amor, também nos superamos. Naturalmente, o desengano também está relacionado a isso: quando já não conseguimos manter estas imagens e começamos a desvalorizar um ao outro por decepção, então se segue a queda. Quando as imagens da abertura e do despertar, tal como brotam na primeira fase do amor, tornam-se um decepcionado "Você realmente é assim – e somente assim", portanto uma imagem estreita do parceiro, o espaço inicial da liberdade se transforma em uma prisão.

A possibilidade de duas pessoas entrarem em uma relação provavelmente depende se as suas fantasias de relacionamento se correspondem mais ou menos mutuamente. Na realidade, procedemos de tal modo que sempre de novo buscamos realizar aspectos de uma fantasia de relacionamento e ficamos atentos se o parceiro pode aquiescer com isso ou não. Se ele não consegue consentir ou consente pouco com isso, buscamos outro parceiro; quando, porém, ele aceita de tal modo que enriquece ainda mais nossa fantasia de relacionamento com sua fantasia, então temos a sensação de ajustamento; assim, o amor acontece, existe, pois há ocasião para podermos criar um espaço de relacionamento mútuo. Espaços de relacionamento são espaços nos quais o amor pode uma e outra vezes acontecer, sempre pode reacender.

Se, porém, somos seres humanos vivos, constataremos que essas fantasias de relacionamento reiteradamente mudam ao longo da vida, que nós, portanto, se quisermos ter relacionamentos vivos, devemos também repetidamente compartilhar tais fantasias de relacionamento, não as transformando em censuras uns contra os outros, mas formulando-as como anseios por uma nova vida em comum, considerando-as como sinalizadores de um relacionamento recíproco. Crises e problemas aparecem, portanto, quando constatamos que uma nova fantasia de relacionamento do parceiro não é partilhada ou ainda não o pode ser, ou quando ainda não estamos conscientes de nossos novos desejos.

Mitos e modelos

Os ideais que se ocultam por trás das fantasias de relacionamento das pessoas e, ao mesmo tempo, expressam-se nelas, variam relativamente pouco no decurso dos tempos e nas diversas pessoas. Anseios fundamentais e medos básicos do ser humano, no que tange aos relacionamentos, parecem permanecer os mesmos; o que muda é apenas a maneira de lidar com eles – quando tudo corre bem.

Esses anseios fundamentais e esses medos básicos em conexão com o amor e com o relacionamento já são apresentados nos mitos dos casais divinos que a história das religiões nos legou.

No mito está expresso como o ser humano compreende ou gostaria de compreender a si mesmo e o mundo; no mito encontramos autointerpretações e as interpretações que o ser humano faz do mundo; nos mitos de casais divinos se encontram interpretações do relacionamento do casal, possíveis modelos para o relacionamento entre o homem e a mulher. Visto que há vários casais divinos, há também diversos modelos que são, por assim dizer, ideais, e com os quais devemos nos ocupar.

Mitos são histórias da humanidade coletivamente válidas sobre a vida e sobre a morte. Quando nos ocupamos dessas histórias, sempre descobrimos nelas excesso de significado, mediante o qual nos ajudam a esclarecer nossa visão da vida ou nos levam a examinar as experiências e as fantasias sobre a vida a partir de outras perspectivas. Caso já não tivessem importância alguma para nossa compreensão da vida e do mundo, já não nos interessaríamos por elas. No entanto, interessamo-nos pelos mitos e traduzimo-los também para a linguagem de hoje; assim, nas apresentações de super-homem encontram-se facilmente os mitos dos heróis.

Parece-me sempre encantador recorrer a diversas tentativas de interpretação da vida para o esclarecimento de um fenômeno – como aqui, o da fantasia de relacionamento – a fim de que, das várias perspectivas, possa resultar uma nova maneira de ver.

Se nas fantasias de relacionamento, principalmente e em geral naquelas que estão ligadas a um grande amor, constelam em cada ser humano em sua afinidade o feminino e o masculino arquetípicos – ao mesmo tempo com uma revitalização da capacidade criativa e imaginativa –, então esses casais devem ser encontrados na mitologia, em nossas fantasias, na literatura, nos sonhos, mas também na vida cotidiana.

Agora gostaria de ocupar-me com estas ideias e apresentar vários casais divinos em seus mitos e, em seguida, mostrar como esses casais divinos se incorporam na literatura ou em pessoas que vivem hoje, como se pode ver na relação com as fantasias de relacionamento, e quais problemas daí resultam. A esse propósito, importa-me o confronto entre o ideal de relacionamento tal como se apresenta simbolicamente nos casais divinos, e a vida vivível de fato.

2
Shiva e Shakti: o ideal de relacionamento da pertença-recíproca-total

Sonhamos um com o outro
e do sonho despertamos.
Vivemos para amar-nos
e voltamos a afundar na noite.
Tu saíste de meu sonho,
do teu eu emergi.
Morremos quando
um no outro totalmente se perdeu.
Sobre um lírio tremulam duas gotas
puras e redondas,
fundem-se em uma e deslizam para o
fundo do cálice.
Friedrich Hebbel

Imagens da saudade

Inicialmente, um pedaço da história da vida: um homem de 35 anos, Herbert, bem-sucedido em uma profissão de classe média, tem menos êxito como artista. Após ter se apresentado diante do público, pela primeira vez, com uma obra de arte, já não consegue criar nada de novo. Tem sempre uma boa razão para o fato de precisamente agora não estar artisticamente em atividade, mas se irrita enormemente a respeito.

Ele teme que a segunda obra, em comparação com a primeira, já não encontre tanto reconhecimento, e que, após o primeiro sucesso, talvez as pessoas estivessem mais exigentes em relação a ele. Mas também tem receio de que, se voltasse a trabalhar como artista, poderia ficar tão entusiasmado, tão fora de si, que não aguentaria, que poderia tornar-se "louco" ou até mesmo psicótico. (Muitos artistas bloqueados fogem para o álcool porque não conseguem suportar um grande excesso de estímulo.)

Herbert formula, agora, seu ideal de relacionamento:

> Gostaria de ter uma parceira que me compreendesse totalmente, que compartilhasse minhas intuições mais profundas, que só tivesse olhos para mim como eu teria olhos somente para ela. Imagino que viveríamos em um abraço constante: real, mas também simbólico; que eu seria bastante criativo e ela também. Então eu me sentiria completamente seguro, abrigado, compreendido e forte, e ela também. Ela faria o poder fluir em mim. Mas se ela me deixasse, então um mundo desmoronaria, eu não suportaria isso, de forma alguma, e por isso o que agora fantasiei é precisamente um desejo irrealizável e deve permanecer assim.

Esse homem foge de todo relacionamento tão logo este "faísque"; assim que tenha a sensação de que algo está acontecendo nele, que ele já não consegue controlar. Ele prefere relacionamentos "serenos", que não resultem em nenhuma complicação, que se baseiem em condições claras, que uma vez mais possam ser dissolvidos sem grandes resistências psíquicas. Naturalmente, estes relacionamentos, no entanto, não podem também estimulá-lo. Entre seu embaraço em se dedicar a seu trabalho criativo, que o estimularia, mas também o estimularia excessivamente, e sua relutância em se abrir a um relacionamento no qual toda a vida de fantasia se poria em movimento, existe um vínculo, um comportamento análogo. Também se torna visível que seu desejo diz respeito precisamente a uma experiência de relacionamento totalmente diferente.

As imagens deste anseio são imagens tais como nos são familiares a partir do mito de Shiva e Shakti, que é um mito da criação. O amor, o relacionamento e a criação do mundo são vistos por esse mito como uma única coisa, e isso me parece também dizer respeito à essência do amor, pois em todo relacionamento amoroso surge um mundo para os dois amantes, e o amor, em si, é algo frutífero. Procriação e parturição são expressões do ímpeto do amor, mediante o que esta procriação e esta parturição podem ser indicadas em sentido literal, mas também em sentido figurado; a saber, que sob essas imagens algo novo é visto no parceiro, e também algo novo na própria vida, que permite revigorar imensamente e rebentar antigas fronteiras. No relacionamento amoroso se torna claro para nós o que, no fundo, é válido para todo relacionamento íntimo: que nós, no tu, tornamo-nos eu, que nossa natureza nos confronta sempre mais incisivamente quanto mais nós francamente nos deixamos envolver no encontro com outras pessoas. A alegria criativa faz parte do amor, e isso é expresso por Shiva e Shakti pelo fato de que o mito da criação é, ao mesmo tempo, o mito do amor.

O devir do relacionamento como mito da criação

Apresentarei este mito da criação de modo bem amplo porque nele – além do relacionamento Shiva-Shakti – são apresentados aspectos essenciais de ideais de relacionamento. Ao fazê-lo, reporto-me ao livro de Heinrich Zimmer: *Abenteuer und Fahrten der Seele* [Aventuras e viagens da alma]. Zimmer foi o primeiro a traduzir este mito em uma língua europeia.

Deve-se dizer antecipadamente que a mitologia indiana vê Brahma, Vishnu e Shiva como três aspectos da deusa mãe Maya. Nela Maya é compreendida como "o útero que tudo gera, o seio que tudo nutre, o túmulo que tudo devora". Brahma é considerado o criador, é responsável pelos gestos criadores da totalidade divina. Vishnu é considerado o sustentador do mundo, "assegura-lhe a subsistência", é o salvador e provê a tranquilidade. Por fim, Shiva é considerado o "destruidor", mas é também o "divino em autoarrebatamento impassível:

o olho absorto para dentro, no vazio ideal de sua natureza"[3]. Ele não participa da interação da vida, exceto da destruição, que nesta mitologia é vista como imprescindível para o eterno fluxo dos acontecimentos.

O mito

O texto narra que Brahma, a partir de uma concentração interior, cria a esfera cósmica com deuses e seres. Está sentado no círculo de seus filhos "nascidos espiritualmente" – os futuros videntes e sábios –, e volta a mergulhar "na contemplação de seu interior". "De uma nova profundidade, de sua visão apareceu de repente a mulher morena mais maravilhosa e ficou de pé, nua, diante de todos os olhos":

> Era a alvorada, radiante de juventude e de vida. Semelhante a ela, até então não havia nem no mundo dos deuses, nem entre os seres humanos, nem nas profundezas do solo do mundo, entre as serpentes das águas inferiores, cuja maré sustenta o universo. As ondas de seus cabelos negro-azulados tremeluziam como penas de pavão, e suas longas sobrancelhas, escuras e arqueadas, assemelhavam-se ao arco do deus do amor, e seus olhos, como escuros cálices de lótus, tinham o intenso olhar inquisitivo da gazela assustada. Seu rosto redondo como a lua assemelhava-se a uma púrpura flor de lótus, e seus seios em-

---

3. ZIMMER, H. *Abenteuer und Fahrten der Seele – Vier Episoden aus den Sagen um die Göttin*. Colônia, 1977, p. 250-304.

> pinados pareciam empurrar-lhe o queixo, e com seus dois mamilos escuros podia seduzir santos. Seu corpo era delgado como a haste de uma lança, e suas coxas macias semelhavam a trombas de elefantes estendidas. Seu rosto era pontilhado de finas gotas de suor, e ela estava adornada com todos os encantos e sorria suavemente[4].

Todos se perguntavam – cheios de desejo por ela – o que lhe devia caber no desdobramento do mundo. Brahma olhou novamente para seu coração, incubou sua profundeza, e eis que

> surgiu de sua mente um ser maravilhoso, um homem, reluzente como ouro em pó, atraente e forte. Arredondado e bem-modelado nos membros, o peito largo como uma porta de dois batentes e ornamentado com uma risca no cabelo, com nítidas sobrancelhas que se encontravam no meio, exalava perfume floral e assemelhava-se a um elefante embriagado de excitação sexual. De estatura elevada, de quadris elegantes, levava o peixe como sinal em um estandarte e empunhava um arco de flores com cinco flechas de flores nas mãos[5].

E este deus do amor recebe a missão de enfeitiçar homens e mulheres com flecha e arco, a fim de realizar a contínua criação do mundo. Nem sequer os deuses conseguiriam re-

---

4. Ibid., p. 251.

5. Ibid., p. 252.

sistir às suas flechas. "O alvo de tua flecha é o coração; deves levar a todos os seres que respiram embriaguez e alegria. Esta é tua obra que dá continuidade à criação do mundo [...]"[6].

O deus do amor, Kama, fez-se invisível e preparou seu arco de flores e suas flechas de flores. Agora ele queria verificar se também podia realizar sua missão, pois a maravilhosa mulher ainda estava aqui. "Colocou sua flecha de flores na corda e entesou vigorosamente o arco. Então começaram a soprar brisas inebriantes, impregnadas pela fragrância das flores primaveris, e difundiram deleite"[7]. Enfeitiçou a todos, e do corpo de Brahma "vieram à luz do dia todas as sensações e emoções com seus gestos e formas de expressão involuntários", e a mulher respondeu com sentimentos femininos: "fingida discrição e amoroso desejo de agradar". O deus do amor estava satisfeito; ele agora sabia que podia realizar sua missão neste mundo. "E uma maravilhosa sensação de si mesmo tomou conta dele, completamente."

Entretanto, Shiva desperta de sua autoabsorção e prorrompe em risos quando vê Brahma e seus companheiros em estado de êxtase. A aparição de Shiva faz com que Brahma "divida sua natureza": sua verdadeira natureza aparece ao lado daquela modificada pelo deus do amor. Brahma amaldiçoa com ira – ou é vergonha? – o deus do amor. Ele deixa correr "as formas de desejo" e exala paixão pelos poros. Disso surgem os espíritos dos falecidos, os espíritos ances-

---

6. Ibid., p. 253.

7. Ibid., p. 254.

trais que exigem sacrifícios. A vontade sufocada expressa-se visivelmente nos espíritos dos mortos. Depois disso, porém, Brahma retira a maldição de Kama.

Os outros deuses também se esforçam pela purificação de seus sentidos. De Daksha, o mais antigo senhor da criação, do encharcado suor do anseio incandescente, surge uma formosa mulher, cintilante como ouro, radiante com membros elegantes. Ele chama-a de Rati = volúpia.

Enquanto isso, Brahma ainda continua a ouvir a risada de Shiva, sente-se aviltado e está um pouco perplexo, porque Shiva, em sua absorção, não vê nenhuma mulher, e considera como algo insignificante o desejo por uma mulher. E diz a si mesmo: "Como o desenvolvimento do mundo deve ser levado adiante, sua existência, seu ocaso, se Shiva não aceita nenhuma mulher?" (Já na história da criação, portanto, a ofensa pessoal é racionalizada e reinterpretada como um problema cósmico.) Isto não obstante, para ele está claro que, se Shiva permanece distante da vida circular, "sem nenhuma paixão", só servirá para sua ioga. Enquanto Brahma assim reflete, vê o deus do amor ditosamente unido com seu Rati (volúpia) e dá-lhe a missão de enfeitiçar Shiva, a fim de que ele também "aceite de coração feliz uma esposa".

Sua arma seria a mulher, diz o deus do amor: "Crie para mim uma mulher que encante Shiva quando eu tiver excitado seu desejo". (Esta exatidão: primeiro o desejo, depois o conteúdo do desejo!) "Então, o ancestral dos mundos mergulhou em reflexão interior sobre o propósito 'vou criar a mulher encantadora', mas do hálito que saiu de sua absorção surgiu a primavera com brisa de flores"[8]. Com a primavera, o deus do amor deve enfeitiçar o deus Shiva, mas Brahma, em seu espírito, quer dar vida a uma mulher que deve encantar Shiva.

Brahma pondera com seus filhos espirituais e com Daksha. E chegam à conclusão de que ninguém mais, a não ser a própria grande Maya, da qual se compõe todo o universo, ela, a "embriaguez onírica da ioga, a geradora do mundo", poderia encantar Shiva. Daksha deve conquistar o "santo Omniforme" com sacrifícios, a fim de que ela própria nasça como sua filha e, em seguida, torne-se esposa de Shiva.

Daksha "inseriu-os em seu coração e reuniu calor em incandescente ascese, a fim de contemplar com os olhos, em pessoa, a Mãe do Mundo... Passou o tempo totalmente absorto na contemplação interior do poder divino, que é composto do universo"[9]. Este tempo corresponde exatamente à fase de incubação que – segundo os resultados da pesquisa da criatividade – acompanha todo processo criativo.

Brahma também, em perfeita concentração, agora ao longo de 36 mil anos, louva a nutriente Mãe do Mundo, Maya. "Todas as mulheres divinas são suas aparições, antes de mais nada, as grandes deusas: Lakshmi, a esposa de Vishnu, a deusa da felicidade, Sarasvati, o inundante discurso da sabedoria da santa revelação e da tradição, a consorte de Brahma"[10]. Ele

---

8. Ibid., p. 262.

9. Ibid., p. 263.

10. Ibid., p. 272.

interpele-a: "Tu és espírito puro, cuja natureza é a mais elevada bem-aventurança, tu és o ser supremo e a força de toda criatura, és desejo e satisfação, és pura luz celeste que ilumina a autoabsorção de Samsara, e como escuridão, o mundo, agora e sempre o assombreias"[11].

Ao longo de 36 mil anos, sem que ele tenha desviado uma única vez sua natureza do ser da grande Maya, ela apareceu-lhe escura e esguia, com cabelos soltos, de pé sobre seu leão: "Por que me adoraste? Dize-me o que queres, se me manifesto pessoalmente, teu sucesso é certo". Brahma queixou-se a ela de que Shiva, o senhor dos espíritos, vagueava solitário, mas se ele não assumisse nenhuma consorte, a criação não poderia subsistir, e somente ela poderia encantá-lo. Pede-lhe insistentemente que o fascine, e Maya, na forma da feiticeira Kali, está disposta a ser gerada como a filha de Daksha para, em seguida, ser a consorte de Shiva.

O "como" também levanta problemas aqui. O deus do amor teve de reconhecer que todas as tentativas de enfeitiçar Shiva tinham sido debalde até então; todas as alegrias da primavera, todos os jogos de carinhos que casais apaixonados exibiram diante dele não teriam conseguido acender, até agora, nenhuma fagulha de desejo em Shiva. Conseguintemente, Brahma ordenou que, futuramente, o deus do amor dedicasse apenas um quarto do dia ao restante das criaturas, mas três quartos à sedução de Shiva.

---

11. Ibid., p. 273.

Depois que Daksha havia também adorado fervorosamente a deusa, ela também se revelou a ele, confirmando que se tornaria sua filha e a amante de Shiva. Assim, Daksha foi para casa e começou, inicialmente dentro de si mesmo – sem relações com uma mulher – a moldar criaturas: "Absorto em si, formou figuras que, das profundezas de sua mente, entraram tangivelmente no mundo". Em seguida, tomou para si uma mulher, e quando uma "primeira imagem idealizada, oriunda de sua alma, caiu sobre ela, ela concebeu a deusa Maya".

A menina nasceu e cresceu rapidamente. Foi-lhe dado o nome de Sati ou Shakti, que significa a "Perfeita", ou "Aquela-que-é". Já desde criança, desenhava diariamente a imagem de Shiva. Quando superou a infância, começou, às ordens de sua mãe, a adorar Shiva: com vigílias, oferendas e contemplação interior – ao longo de doze meses, viveu em devoção dedicada ao deus.

Agora Brahma considerou que chegara o tempo de chamar a atenção de Shiva para esta mulher que ansiava por ele. Quando a fase em que Shakti adorava Shiva em pura meditação propendia ao fim, Brahma, "com seu poder divino e sua esposa Savitri, foi ter com Shiva no Himalaia", e Vishnu apareceu com sua esposa Lakshmi. Quando Shiva, o "asceta divino", viu os dois casais, viu-se tomado de "um embrionário desejo de mulher e de matrimônio".

Procurou saber a razão da vinda deles.

> Brahma responde: nós dois viemos por amor aos deuses, ao universo. Sou o fundamento do mundo, Vishnu é a razão de sua subsistência, mas tu causas o fim das criaturas. Em oposição aos nossos poderes, dependemos um do outro e devemos agir juntos, se não o mundo não pode existir. Se permaneces sempre distante do curso do mundo, concentrado na ioga, desprovido de prazer e de desprazer, não poderás realizar tua parte no andamento do mundo.
>
> Se nós três, com nossos gestos, não atuamos uns contra os outros, para que, então, temos três corpos especiais, diferentes da deusa Maya? Em nossa verdadeira natureza, somos uma só coisa, apenas em nossas atividades somos diferentes. Somos um único ser divino, separados triplamente uns dos outros, e assim, o poder divino que nos move é tríplice na figura das deusas Savitri e Lakshmi, e da deusa Aurora, correspondentemente à obra que realizam no curso do mundo. A mulher é a raiz, brota do desejo; da posse da bela mulher brotam prazer e fúria[12].

Shiva deixou-se convencer e pediu a Brahma para mostrar-lhe a mulher que poderia "partilhar sua visão suprema com ele". E Brahma disse-lhe que era Shakti, a filha de Daksha, que ardia de paixão por ele. Agora chegara o momento em que o

12. Ibid., p. 278-280.

deus do amor podia aproximar-se da deusa Volúpia; ele foi até Shiva e "mandou que a primavera entrasse no jogo".

Mais um ano se passou desde que Shakti fizera seu voto, quando Shiva lhe apareceu e disse-lhe que seu voto muito lhe alegrou, que ele iria dar-lhe o que ela desejava. Na verdade, ele sabia o que lhe movia o coração, mas também queria que ele o expressasse. Ela, no entanto, envergonhava-se e não conseguia dizer o que havia desejado desde pequena. Agora, o deus do amor via um ponto vulnerável em Shiva: o desejo de levar uma mulher como Shakti a falar-lhe a respeito de seu anseio. "Então atingiu o coração de Shiva com a flecha que desperta a excitação." Excitado, Shiva olhava fixamente para a jovem – e esqueceu-se do olhar espiritual do Ser Supremo. Então o deus do amor atingiu-o uma vez mais... Shakti queria justamente superar sua vergonha e pedir a Shiva que lhe concedesse seu desejo; então ele exclamou uma e outra vezes: "Sê minha mulher!" "Risos suaves e gestos amorosos denunciavam ao deus seus sentimentos, e gestos afetuosos tomaram conta de ambos."

"Vai ter com meu pai e toma-me de sua mão", disse ela, enquanto ele repetia: "Sê minha mulher". Shakti apressou-se em voltar para a casa dos pais, mas Shiva voltou a recolher-se ao ermo, e "condoído pela separação, entregou-se totalmente à imagem interior dela". Contudo, também lembrava-se da admoestação de Brahma de assumir uma mulher, e agora voltava todo o seu pensamento a Brahma, e "rápido como o pensamento, chegou em seu veículo, puxado por cisnes através do Éter". Shiva não tinha nenhum desejo mais premente senão que Brahma devesse resolver tudo rapidamente com o pai de Shakti a respeito do que fosse necessário para receber Shakti como esposa. Brahma fez o mesmo também e convocou seus filhos espirituais a fim de que escoltassem Shiva.

> Vestido com uma pele de tigre, com uma serpente enrolada aos ombros e aos quadris como um cordel de Brahma, o deus montou em seu poderoso touro; a foice da lua jovem em seu cabelo lançava um brilho luminoso sobre ele. Ruidosamente, aplaudiam com júbilo suas multidões (imagens diminutas e fantásticas dele, dispersas na atmosfera pelo imenso poder de sua faiscante presença)... Todos os deuses se aproximavam em cortejo solene para acompanhar o pretendente, mulheres falecidas e celestiais vieram com música e dança. O deus do amor apareceu corporeamente, com seu séquito de sentimentos, alegrando e encantando Shiva. O céu ao redor estava claro e límpido, sopravam ventos perfumados, todas as árvores estavam em flor, todas as criaturas respiravam saúde, e os sofredores recuperados enquanto Shiva, assim festejado por todos os deuses com música, mudou-se para a habitação de Daksha. Cisnes, gansos selvagens e pavões lançaram doces sons de alegria, como se o acompanhassem[13].

---

13. Ibid., p. 283.

Por ordem de Vishnu, uma vez mais Shiva mergulhou em sua visão interior que ele havia esquecido por causa da mulher, e viu em sua visão mais uma vez toda a criação: viu-se sozinho com Shakti nos picos das montanhas, entrelaçados em amor; viu como Shakti "deixou seu próprio corpo ir-se", ressurgiu como filha do Himalaia, e como seu filho veio ao mundo. Entretanto, ele também viu como Brahma entrou no corpo de Vishnu, como *ele* entrou no corpo de Vishnu e como a figura de Vishnu se dissolveu no "ser supremo, que é pura luz, bem-aventurado conhecimento". Ele viu a unidade e a pluralidade do mundo, desdobramento, conservação e fim.

Quando Shiva emergiu de sua concentração, logo sua mente voou de volta para Shaki. Montou Shakti em seu touro Nandi e desapareceu dali sob o júbilo dos deuses, demônios e seres. Chegados ao Himalaia, ele mandou todos irem embora, e o deus e a deusa desfrutaram de seu amor durante muito tempo. Com eles, o deus do amor e a primavera chegaram à terra, enquanto Shiva e Shakti tinham grande prazer um com o outro.

Quando se aproximava a estação quente do ano, Shakti lamentou-se de que eles não teriam uma casa para proteger-se; Shiva, no entanto, disse-lhe sorrindo que ele não precisava de nenhuma casa, pois passava pela selva, sem lugar fixo. E assim, passaram o período de calor juntos, sob árvores sombrosas. Quando chegou a estação chuvosa, novamente Shakti pediu a Shiva para que lhe construísse uma casa. Mas Shiva disse: "Não tenho nada para construir uma casa, uma pele de tigre cobre meu dorso, serpentes são meu adorno". Então Shakti envergonhou-se dele. No entanto, em vez de arranjar uma casa, ele elevou-a acima das nuvens, e ali em cima ficou unido a ela até que a estação chuvosa tivesse passado.

O coração de Shiva estava completamente cheio de Shakti, incansavelmente em provas de amor e de paixão. Dia e noite, não conseguia pensar em outra coisa senão nela; já não conhecia o ser supremo nem a concentração. O olhar de Shakti fixava-se firmemente no rosto do grande deus, e os olhos de Shiva estavam mesmerizados pela face dela: "A inexaurível corrente de sua paixão alimentava a árvore do amor deles, de modo que estendia sua coroa na união sem fim deles".

Brahma, o deus criador e, nesse ponto, modelo de todo ser humano criativo, criou o mundo mediante a imaginação; na concentração de sua profundidade, ocorrem-lhe imagens e assumem formas. Neste mito da criação, que, afinal de contas, tem por escopo conduzir Shiva ao amor, mostra-se constantemente quanto é importante a visão interior, a imaginação da pessoa amada; quão significativa é, portanto, uma fantasia de relacionamento. O deus do amor, certamente, é quem estimula estas fantasias de relacionamento, mas que, em última instância, não as pode desenvolver sem os interessados.

Nesse mito, expressa-se também de modo muito bonito como, mediante a criação do deus do amor, os acontecimentos entre deuses e seres humanos se tornam imprevisíveis: com o amor, surge uma dinâmica que já não é controlável, mas que acontece espontaneamente. O mito diz até mesmo que sem o amor todo o ciclo do nascer, subsistir e perecer não seria possível.

Possibilidades e problemas das fantasias de relacionamento Shiva-Shakti

Inicialmente, Shiva é mostrado na imagem do deus que permanece concentrado em si, que não gosta de desvestir-se, como força passiva; Shakti, como personificação de Maya, como deusa-mãe, como força ativa. O encontro com Shakti desencadeou em Shiva amor, ardor, paixão; portanto, uma enorme intensidade de vida. Ele põe-se em movimento, está inteiramente pleno de Shakti e desperta nela patentemente os mesmos sentimentos.

O ideal de relacionamento que ambos personificam e que provavelmente, percebido ou não, é modelo de todo amor, é a supressão de todo estado de separação. Eles são tudo um para o outro, totalmente abertos um ao outro, totalmente fechados para o mundo exterior, bastam-se um ao outro, são "suficientes um no outro" (Rilke). Vivem uma sensação de proximidade exclusiva, plenos de prazer, em abraço eterno. Nesse abraço eterno são símbolo de uma totalidade, transcendem-se como seres individuais, transcendem a vida cotidiana. Destarte, representam uma imagem para situações amorosas, tais como sempre as conhecemos quando somos tomados pelo amor. No entanto, repetidamente a vida cotidiana nos retrai e, ao mesmo tempo, nos devolve a tais imagens ideais, mesmo que não possa nem dissolver nem tampouco destruir tais situações de amor. Naturalmente, todos desejamos poder conservar, persistir eternamente nesses momentos de transcendência, de supressão do tempo que experimentamos nessas situações amorosas – como no caso de Shiva e Shakti –, e somente aqueles dentre nós que estão mais voltados para a realidade ousam talvez perguntar se isso, com o tempo, não poderia também se tornar entediante.

Shiva e Shakti, portanto, não têm realmente uma história de relacionamento um com o outro. Ficamos sabendo apenas que o coração de Shiva estava pleno de Shakti, que era incansável em suas demonstrações de amor, que só conseguia pensar nela e até mesmo esquecia o ser supremo e a concentração por causa dela. Por outro lado, sabemos que o olhar de Shakti fixava-se firmemente no rosto de Shiva, enquanto os olhos deste estavam mesmerizados pela face dela, e ouvimos – em imagens poéticas – que "a inexaurível corrente de sua paixão alimentava a árvore do amor deles" e que "ele estendia sua coroa na união sem fim deles". Aqui não está descrita uma história de relacionamento, mas sim imersão recíproca de dois amantes. Cada um está encantado pelo outro, cada um está absorto no outro.

No entanto, por duas vezes Shakti tenta expandir o espaço de relacionamento: ela gostaria de possuir uma casa para o verão e um abrigo contra a chuva. Shiva rejeita tais desejos – para ele, já significam pequenas propostas de separação –, pois ele gostaria de ser seu "tudo em definitivo". Para que ela precisava de uma casa?

Nesse amor divino é notável o fato de que um pode absorver-se no outro; neste processo, nenhum deve render-se porque ambos querem a mesma coisa, pelo menos por enquanto. Nos desejos de Shakti, porém, anuncia-se uma demarcação em relação a Shiva, uma separação. Por agora, a fusão de ambos não é ameaçadora para nenhum deles.

O abraço eterno de ambos é uma imagem da necessidade que os seres humanos têm de poderem suprimir realmente o estado de separação uns dos outros: poder suprimir o fato de sermos indivíduos e de devermos sentir-nos responsáveis pela nossa individualidade. Ultrapassar, superar esta existência como indivíduos é, no entanto, uma necessidade fundamental que nós até podemos satisfazer na união amorosa, mas sempre temporariamente. Até mesmo os casais divinos têm problemas com a delimitação uns dos outros, com a separação. Tanto mais para os casais humanos, cujo ideal de relacionamento corresponde às núpcias divinas de Shiva e Shakti, um dia aparecerão fortemente em primeiro plano os problemas da separação: em um momento, como o problema da delimitação em geral (Quem sou eu, quem és tu? O que quero, o que meu destino quer de mim, também no relacionamento contigo?), depois, porém, também como problema da separação de todo; seja pela perda do parceiro, seja também já em um distanciamento temporário que, talvez, torna-se necessário.

No mito de Shiva e Shakti, Shiva é quem tem um pouco mais de medo da separação. Já à primeira separação de Shakti, quando ela, depois do encontro com ele, volta mais uma vez para a casa de seus pais, ele reage mais do que fortemente; no entanto, em seguida, aprofunda-se ainda mais na imagem dela e consegue que Brahma leve adiante o processo de união entre eles; ele quer ter Shakti de volta o mais rapidamente possível, pois sem ela, não aguenta. Na vida em comum com Shakti, inicialmente cada uma de suas tentativas de separação é por ele anulada. A própria Shakti é um pouco distinta dele; depois ela também será a primeira a seguir seu próprio caminho. Contudo, antes de voltar-nos para o processo de separação de ambos, o qual, nesta história em que o amor é vivido de maneira tão plena, deve outrossim ser completamente realizado, gostaria de mostrar paralelos entre este mito e as pessoas de hoje.

Guy de Maupassant escreve em seu conto *Unbedacht* [Irrefletido]:

> Quando dormiam, sonhavam um com o outro; quando estavam acordados, pensavam um no outro. Pertenciam-se de corpo e alma, e sentiam sede um do outro, muito antes que chegassem à consciência disso. Após o casamento, tiveram o paraíso na terra, inicialmente em velocidade sensualmente desenfreada, em seguida nos contatos apaixonados e ternos, em carícias inigualáveis, em demonstração sempre novas e sempre mais

> ousadas de sua paixão. Cada olhar era cálido anseio, cada gesto ressonância de noites ardentes. Aos poucos, porém, sem que o admitissem, começaram a entediar-se. Certamente ainda se amavam! Nesse amor, porém, já não havia mais nada de novo [...][14].

Aqui se descreve uma fantasia de relacionamento como está prefigurada em Shiva e Shakti, mas vivida por pessoas e também, por conseguinte, abandonada ao tédio. No conto de Maupassant, remedeia-se com o fato de que o homem conta à sua mulher histórias de amor de sua vida passada, de modo que acontece um ato do mútuo distanciar-se, do diferenciar-se recíproco e, nesse ponto, também de separação. No relato de Maupassant expressa-se explicitamente como o mais íntimo amor se exaure à separação, pelo contrário à união, se também não for atribuído seu direito e se as duas pessoas que se amam tão intimamente e estão relacionadas unicamente uma à outra não puderem também ser pessoas individuais, com seus próprios interesses, com a necessidade de uma vida própria.

Trata-se também do medo da separação no caso do artista de 35 anos, mencionado inicialmente, que em seguida evita um relacionamento se este puder fasciná-lo a tal ponto que, caso um dia devesse se separar novamente, isso seria para ele um problema insolúvel. Ademais, ele também teme que tal fascinação possa monopolizá-lo tanto, que não lhe seria

---

14. Maupassant, G. *Novellen*. Vol. 1. Trad. francesa de H. Bartuschek e K. Friese. Munique, 1973/1982.

possível suportar, porque nesse processo poderia perder-se completamente. Sua incapacidade de entrar novamente em um processo criativo pode ser visto da mesma maneira: o que deseja e teme como relacionamento amoroso, ele pode viver intrapsiquicamente se trabalhar criativamente. E assim como uma relação amorosa poderia fasciná-lo demais, talvez ele também não pudesse aguentar a fascinação que provém de um processo criativo, ou, em todo caso, ele acha que não poderia suportá-la. Se ele poderia ou não realmente suportar tal irresistível atração, no entanto, depende também de sua estrutura do eu. Há pessoas que, quando pertencem inteiramente a outrem, perdem-se também totalmente, e assim, tornam-se demasiadamente dependentes do parceiro.

Outro exemplo da constelação Shiva-Shakti é o relacionamento de um casal entre 30 e 40 anos que se considera muito moderno e sofisticado. Sabem algo a respeito do "relacionamento a dois sobrecarregado"[15] e em conformidade com isso, ponderaram que não proibiriam um ao outro nenhum amor que acontecesse em suas vidas; efetivamente, não iriam provocar por maldade uma contenda no amor. Contudo, nisso eles haviam combinado que seu relacionamento a todo custo devia permanecer um relacionamento totalmente especial. Eis que o homem encontrou uma mulher que muito o estimulou, levando-o a utilizar sua criatividade, mas improdutivamente. Falou abertamente à sua esposa a respeito do fato.

---

15. HOHLER, A.E. *Wozu das alles? – Auf der Suche nach dem Sinn unseres Lebens; Variationen zum Thema Emanzipation*. Zurique, 1980.

Ela reagiu com censuras, acusações, desconfianças. Ele não conseguiu se justificar; na questão erótica nada aconteceu, pelo que ele devesse se censurar. Mas sua esposa não acreditou nele, sentindo-se desvalorizada. Afligida por dúvidas a respeito de si mesma, exprimiu-se: "Como mulher, não te ofereço o suficiente; no casamento, não te dou o que necessitas". Todas as considerações anteriores desse casal a respeito do "relacionamento a dois sobrecarregado" agora já não eram válidas; elas se tratavam justamente do fato de que jamais um parceiro poderá ser tudo para o outro ou dar tudo o que ele necessita. Em seguida, a outra mulher foi acolhida na família como amiga comum e muito apreciada.

Algum tempo depois, a esposa leu um livro de Erich Fromm. Estava muito deslumbrada, animada, interessada e começou a falar frequentemente sobre ele, refletindo também sobre que tipo de homem poderia ter sido. Agora o marido reagiu começando a criticar Fromm, e sem realmente conhecê-lo, apresentava todos os motivos possíveis e impossíveis contra ele. Um dia, a esposa "desarmou-o" ao dizer-lhe: "Não é possível que vás ficar enciumado por causa de um livro". Naturalmente ele não queria isso, mas repentinamente se deu conta de que efetivamente se rivalizava com Fromm.

Nesses incidentes cotidianos tornou-se evidente que o casal, que havia escolhido conscientemente um ideal de convívio de companheirismo, em segundo plano alimentava uma fantasia de relacionamento e uma pretensão de relacionamento de "ser tudo um para o outro", sem que disso tivessem consciência. Nesse querer ser tudo um para o outro escondem-se a esperança e a visão de poder alcançar nesse tipo de convívio uma sensação de totalidade, de uma totalidade que provavelmente só podemos vivenciar se experimentarmos intrapsiquicamente imagens como Shiva e Shakti, como conexão de nossas próprias possibilidades anímicas.

Na circunstância desse casal, o desviar-se parcial do parceiro, por mais inofensivo que fosse, significou que a fantasia de relacionamento da pertença recíproca total periclitou, mas com isso, também, a sensação de totalidade em geral; contudo, isso igualmente significou para ambos uma sensação de abandono, do ter de suportar o medo e a necessidade de precisar ir novamente, partindo do zero, em busca da totalidade. Talvez as pessoas simplifiquem demais quando censuram o parceiro por relacionamentos externos recém-iniciados, em vez de se perguntarem o que tal situação significa para o relacionamento em si e o que exige de cada um dos parceiros em termos de novos passos de desenvolvimento.

Concretizar nossa totalidade mediante uma parceria é algo que conseguimos apenas em momentos decisivos; depois disso, porém, o esforço pela totalidade torna-se novamente a tarefa primordial de cada um. A totalidade é um dom incoercível, mas é reiteradamente estimulada pelo parceiro, especialmente também pelas situações nas quais nos encontramos "separados" dele e nos tornamos conscientes de que ela jamais pode ser "presenteada" por uma pessoa à outra. Pretender não se separar um do outro – em sentido mais amplo – pode, portanto, também significar que a pessoa ainda não quer renunciar a uma fantasia de totalidade que ela liga ao parceiro, tampouco no sentido de que a assumiria como sua própria tarefa.

Parece-me importante para os casais cuja fantasia de relacionamento consciente é bastante baseada na parceria, pelo menos tomar em consideração se entre eles não está em jogo uma fantasia do tipo Shiva-Shakti. A fantasia de relacionamento consciente de um casal deveria também ser sempre mantida junto àquela fantasia inconsciente da pertença-recíproca-total, e os problemas que aparecerem deveriam também ser examinados no sentido de verificar se não são provocados por essa secreta ilusão. Em termos práticos, isto também significa que todo separar-se – não a separação ou divórcio definitivos, mas o separar-se cotidiano, pequeno, recorrente – deveria ser vivido e ponderado, e sensações dolorosas nesse processo não deveriam ser transformadas em censuras, proibições ou condições, mas justamente como sinais a serem levados a sério, de que nenhum dos dois pode simplesmente esperar do parceiro a totalidade. Com efeito, onde quer que uma fantasia de relacionamento do tipo Shiva-Shakti estiver envolvida, o tema da separação se torna concomitantemente importante.

Percurso da desilusão

Em um próximo exemplo gostaria de mostrar o que poderia significar ver e vivenciar Shiva e Shakti como um casal na própria psique, e percebê-los como imagens intrapsíquicas.

Um homem de 43 anos disse que se encontrava em um "percurso de desilusão". O que ele entendia por isso é que agora, finalmente, queria ver as coisas o mais claramente possível, tal como são, não como gostaria de vê-las. Segundo ele, em sua idade, deveria, de uma vez por todas, deixar de tingir o mundo segundo seus próprios desejos. De igual modo em seu matrimônio, esforçava-se por desmontar as idealizações e também desafiar sua esposa a não mais idealizá-lo. Ele sonhou:

> Eu contemplava uma escultura de Shiva e Shakti. Em sua interação, ambos me parecem perfeitos, a alocação do espaço está conforme, cada um assume exatamente o espaço justo em relação ao outro. Contemplo a escultura muito fascinado. As figuras saem da moldura, começam a se tornar carne e osso, e dançam diante de mim. Sou arrebatado por essa harmonia, essa beleza, essa totalidade; sou afetado e fico comovido. Eles desaparecem novamente de maneira completamente silenciosa. Acordo com a sensação de saber o que é a totalidade, e com a dor de tê-la perdido novamente. Essa sensação acompanhou-me ao longo de vários dias, a sensação de totalidade e de saudade dela. A qualquer momento posso evocá-la novamente, posso entregar-me totalmente a essa sensação, deixar-me ser apanhado por ela. Sei também que algo assim não se deve viver na projeção. Certamente devo procurar e buscar tal sensação onde quer que possa encontrá-la.

Este sonho se autointerpreta e expressa vigorosamente como essas imagens e a atitude de vida de Shiva e Shakti, ligada a elas, podem despertar em uma pessoa sensações de totalidade quando são vivenciadas como conteúdo psíquico próprio. O sonhador expressa ao mesmo tempo sua dor a respeito do fato de esta experiência simplesmente não durar: sensações de totalidade não são sensações que nos acompanham constantemente; elas vêm e vão, e já é importante saber que elas têm seu ritmo, mas também talvez que a vida não significa simplesmente estar em equilíbrio, por mais que nos esforcemos reiteradamente por equilíbrio.

O anseio pelo amor sem palavras

Um estado de fascinação por meio da fantasia de relacionamento de Shiva e Shakti me parece estar oculto também no anseio pelo amor sem palavras, o amor que não precisa de palavras[16]. Ela está intimamente ligada ao anseio por uma experiência de amor com um ser humano estranho, maravilhoso, que não precisa de forma alguma ser compreendido verbalmente, que talvez venha de outro planeta e para o qual a pessoa também permaneça o estranho maravilhoso, misterioso, pelo que a própria imagem na fantasia de relacionamento, portanto, é também a do estranho misterioso, desconhecido, uma imagem fascinante que clama por descoberta e sondagem, mas também por amor.

---

16. Cf. LEISI, E. *Paar und Sprache*... Op. cit., p. 14.

Uma fantasia bastante frequente nesse sentido é aquela em que alguém imagina chegar a uma cidade estranha, a uma terra misteriosa, encontrar uma pessoa e, num piscar de olhos, por assim dizer, ficar fascinado e impressionado por ela. O mesmo acontece com a outra pessoa, possivelmente ainda mais forte em intensidade e ansiedade, de modo que – sem palavras, pois não seria preciso de forma alguma falar a mesma língua – concordam-se em amar mutuamente. Esse amor é uma experiência de bem-aventurança: diálogo dos corpos, sem linguagem perturbadora, envolto pelo encanto do misterioso. Na maioria das vezes, as fantasias são interrompidas por si mesmas: o misterioso se tornou algo mais familiar, e essa situação do desconhecido não poderia se repetir. Tal fantasia é mencionada também por Leisi em *Paar und Sprache* [Casal e linguagem]; ele usa a expressão "amor mudo" e "amor sem palavras"[17].

Nessa fantasia do amor sem palavras se exprime o anseio de ser facilmente compreendido sem que seja preciso falar. Tal desejo desempenha em muitos relacionamentos um importante papel, visto que a extensão do amor é medida segundo a quantidade dos próprios desejos que o parceiro adivinha ou lê nos olhos de alguém, sem que sejam expressos. No entanto, às vezes as esperanças vão tão longe, que o parceiro também deve adivinhar desejos que a outra pessoa nem sequer sente.

---

17. Cf. ibid.

Este desejo nasce da concepção – que em si não é incorreta – de que o amor faz enxergar. Contudo, nesse processo o amor se desgasta muito, e também não se vê claramente que, por certo, para as possibilidades de desenvolvimento, o amor tem certa clarividência, mas que ele, no entanto, para reconhecer os desejos e necessidades cotidianos, precisa definitivamente de linguagem. No entanto, pode-se sempre responsabilizar o parceiro pelos desejos não expressos quando ele igualmente os vê e os ignora. Neste desejo de ser compreendido sem palavras me parece também estar oculto o anseio pelo amor absoluto, uma fantasia de relacionamento ao estilo de Shiva e de Shakti, de um estado de união que não precisa de palavras, visto que as palavras têm sempre algo que separa; podem provocar mal-entendidos, podem mostrar que a pessoa, em desejos e pontos de vista, não tem tanta unidade quanto na verdade gostaria ou quanto finge tê-lo. No amor sem palavras elimina-se o fator disjuntivo que a linguagem pode ter. De igual modo, o aspecto da comunicação corporal é trazido fortemente para o poscênio, mas nisso também, um aspecto do sincero confronto mútuo.

Particularmente quando a imagem do/a misterioso/a desconhecido/a determina fortemente a fantasia, o anseio pelo totalmente Outro – e a linguagem, afinal, é cotidiana – está contido nela. Este misterioso estranho e a tão misteriosa estranha podem, em seguida, ser vistos como anseio pelo desconhecido um tanto misterioso, pelo totalmente Outro em nossa própria alma; diz respeito à nossa saudade do desconhecido e que não deve ser integrado demasiado rapidamente em nossa linguagem usual porque, do contrário, seria velozmente incorporado ao familiar, talvez nem sequer possa ser integrado à linguagem porque a transcende.

Ambos os aspectos, a evitação do que separa – que também se expressa no fato de que um relacionamento não é tomado em consideração porque consiste sempre de muitas experiências de separação – e o anseio pelo totalmente estranho – pelo Outro que, às vezes, também vemos como divino –, parecem-me se expressar na fantasia do amor sem palavras.

Esse amor sem palavras é esboçado por Max Frisch em sua peça *Als der Krieg zu Ende ging* [Quando a guerra chegou ao fim]. A ele, interessa descrever que um amor no qual não se pode entender verbalmente o parceiro, poderia ser vivido "sem medo e sem fingimento", que se poderia, portanto, estar muito mais próximo de si mesmo e que se erigem muito menos fatores de separação. Por trás disso vejo uma fantasia de relacionamento Shiva-Shakti, como um ideal que, obviamente, não se pode alcançar. No caso, Frisch apresenta, de um lado, um relacionamento "normal", que Agnes cultiva por seu marido oculto no porão, e que, nesta fase, é bastante marcado pela pergunta: O que se diz um ao outro quando se está separado um do outro por tanto tempo; o que se esconde, o que não se pode absolutamente dizer um a outro? E confronta-o com um relacionamento com um coronel russo alojado nos aposentos dela, a quem visita todas as noites, com quem se engaja em um relacionamento amoroso e que, para ela, é o homem extraordinário com o qual se entende sem palavras. Frisch põe nos lábios de Agnes as seguintes palavras:

> Se não tivesses vindo, Stepan, eu não saberia que isso existe: que posso ser assim para ti, tão sem receio e fingimento, *tão real, tão completamente!* Sentes isso? Digo-te o que jamais pude dizer a uma pessoa: tu ouves, Stepan e, no entanto, tudo permanece um mistério. Vê, eu também não sei quem tu és. Apenas que nos amamos. E, então, tu simplesmente estás aí: tu és tudo o que consigo pensar. O que fiz para merecê-lo...! E depois, tu sabes que jamais existe uma mentira entre nós[18].

Nenhum receio, nenhum fingimento, nenhuma mentira, ser real, completamente; isto é o que Agnes experimenta como novidade nesse amor. Contudo, o coronel russo vai embora quando o marido de Agnes invade o idílio. Aqui também, o amor sem palavras é vivível apenas durante curto período de tempo. Neste texto, o amor total, ideal, é relacionado com o amor entre o estranho misterioso e a igualmente misteriosa estranha e compreendido como a experiência de uma doação autêntica, profunda ao amor, da qual o mundo do cotidiano permanece quase totalmente excluído.

---

18. FRISCH, M. *Gesammelte Werke in zeitlicher Folge*. Frankfurt a. M., 1976.

A separação como problema

Na fantasia de relacionamento, como nos sugere o mito de Shiva e Shakti, existe a sensação de significar tudo um para o outro, mas também de ser totalmente suficiente um para o outro, e a sensação de totalidade mediante o amor pelo parceiro é vivida bastante intensamente. Neste exemplo, encontram-se relacionamentos que excluem outras pessoas porque só poderiam perturbar, e esses amantes frequentemente são também excluídos da totalidade dos seres humanos. O separar-se, a necessidade de também afrouxar de quando em vez esse eterno abraço é vivida como perda da totalidade e da proteção, de modo que as pessoas procuram evitá-la, e assim se fecham cada vez mais para o mundo exterior.

O mito também conhece o problema da separação, da separação necessária. A história de Shiva e Shakti é transmitida, e a separação encontra-se aí em conexão com o ser excluído do mundo: Daksha, o pai mundano de Shakti, queria realizar uma grande festa sacrificial pelo bem de todos os seres. Assim, todos foram convidados por ele, somente Shiva e Shakti não o foram. A seu ver, Shiva não era digno de participar dessa festa porque trazia em suas mãos uma caveira em forma de taça – sinal de seu aspecto destruidor e dissolvente; Shakti, como sua esposa, era considerada contaminada pela mácula dele.

Quando uma irmã de Shakti contou a ambos a respeito da festa sacrificial e perguntou por que eles não teriam sido convidados, repentinamente Shakti ficou tão furiosa contra seu pai, que queria transformá-lo em cinzas imediatamente com uma maldição; depois, lembrou-se de ter combinado com ele que ela se separaria do seu corpo e da vida quando algum dia lhe faltasse com o respeito. Assim, imergiu em sua forma primitiva, mas disse para si mesma que a razão pela qual ela se tornara esposa de Shiva ainda não havia sido alcançada, uma vez que Shiva não tinha nenhum filho com ela. Contudo, ela queria manter sua promessa e, assim, decidiu morrer e em seguida retornar como filha de Meneka, a esposa do Himalaia, e depois queria tornar-se novamente esposa de Shiva e gerar um filho para ele. Assim sonhava "dentro de si". Eis que lhe sobreveio novamente uma ira, "fechou todos os nove portões dos sentidos e do corpo na ioga, prendeu a respiração e explodiu seu corpo".

Neste mito, os impulsos de separação sempre emanaram de Shakti. Agora ela encontrou uma razão para separar-se de Shiva, um tanto violentamente, como me parece, pois ela deixa esta vida e esta forma de relacionamento com Shiva em decorrência do insulto de ter sido excluída, por causa de uma ideia, em razão de uma promessa. Ou ela parte porque o relacionamento nesta forma já não é praticável? No entanto, ela também decide como e em que forma quer retornar. O interessante, no caso, é que neste eterno abraço não havia momento favorável para ter um filho; o abraço eterno, porém, também em sentido simbólico, é infecundo. No ato radical de separação de Shakti, sua morte voluntária, deve-se ponderar que a filosofia indiana vê a morte menos definitiva do que a vemos – sai-se de uma forma e retorna-se em outra forma, exatamente como está expresso na reflexão de Shakti de retornar ao mundo como filha de Meneka.

Não obstante, quando fica sabendo da morte de sua esposa, Shiva suporta um processo de luto que dificilmente poderia ser mais intenso: após o grande amor, ele deve assimilar a grande separação. Com o exemplo de Shiva, este mito também ensina quais processos devemos suportar a fim de assimilar e sobreviver a uma perda.

Shiva havia terminado sua devoção e estava voltando para casa montado em seu touro branco Nandi; ali encontrou Shakti, que jazia morta no chão. "Mas seu amor não acreditou no que seus olhos viam. Ele afagava-a repetidamente e perguntava: 'Por que dormes? Com que caíste no sono?'" – A primeira reação de Shiva à morte de Shakti é a de que ele não quer admitir sua morte, não quer tomar conhecimento dela, minimiza-a também como um sono do qual Shakti poderia voltar a acordar.

No caso de Shiva, a esta primeira fase no processo de luto do não querer admitir[19], segue-se a fase da irrupção de emoções caóticas que o mito assim descreve: depois que a irmã de Shakti contou a Shiva o que aconteceu, ele ergueu-se em sua candente emoção como fogo que tudo devora. Dos olhos, ouvidos, nariz e boca saíam-lhe chamas de fogo, sibilavam meteoros vindos dele. Assim inflamado de ira, aproxima-se do lugar de sacrifício de Daksha. Invade-o cólera desmedida

---

19. Cf. KAST, V. *Trauern – Phasen und Chancen des psychischen Prozesses.* Stuttgart, 1983, col. 61.

quando vê as pessoas reunidas para a festa sacrificial. Em sua fúria, envia Virabhadra, o "Senhor de seus exércitos" com cara de leão, que irrompe devastadoramente no recinto sagrado. Este Virabhadra deve ser compreendido como personificação da violenta ira de Shiva.

O próprio Vishnu luta com Virabhadra em um combate terrível – somente quando Vishnu arremessa Virabhadra por terra é que o próprio Shiva entra no combate – com olhos vermelhos de raiva. Vishnu torna-se invisível e desaparece. No local do sacrifício incinera o fogo até às cinzas, mas a vítima mesma transforma-se em uma gazela que Shiva agora quer capturar. Ele persegue-a, mas eis que repentinamente se encontra novamente diante do cadáver de Shakti.

Ira, cólera e pensamentos de vingança tomam conta de Shiva, como também pessoas humanas enlutadas podem ser acometidas por cólera, ira e pensamentos de vingança perante a perda de um ente próximo. Somente em razão da raiva, Shiva esquece-se da falecida, e somente seu relacionamento com a vítima o faz voltar ao cadáver de Shakti, emocionalmente à sua dor: ele esquece-se da vítima e começa a lamentar. "Sobreveio-lhe uma dor cruel e ele prorrompeu em soluços selvagens como um mortal comum".

O deus do amor ouve seu lamento e se aproxima dele com sua volúpia e com a primavera; atinge-o com todas as cinco fechas no coração "e provoca uma completa confusão de sentimentos" nele:

> Embora dominado pela tristeza, Shiva ficou rapidamente cheio de desejos de amor; inundado de tristeza, comportou-se como perdido de amores. Dilacerado pelas sensações conflitantes, começou a enfurecer-se, ora lançando-se ao chão, ora perfilando-se e correndo precipitadamente, ora agachando-se junto ao cadáver de Shakti e olhando-o fixamente, perdido em seus pensamentos[20].

Como se não bastasse o fato de Shiva estar dominado por ira, cólera e dor, também os sentimentos de amor pela falecida Shakti emergem novamente e deixam-no completamente desamparado; ora se enfurece, ora parece estar entorpecido junto ao cadáver, "dilacerado por sensações conflitantes" como todo ser humano enlutado também se encontra nessa fase.

Quando Brahma vê as lágrimas cálidas de Shiva, ele e os deuses ficam bastante angustiados: caso tais lágrimas caíssem na terra, elas poderiam queimar tudo, assim temiam os deuses. Recorreram à ajuda do planeta Saturno, mas ele não conseguiu agarrar o braseiro, lançando-o sobre a montanha mais distante do mundo. No entanto, Shiva não conseguiu conter as lágrimas, e o braseiro penetra no mar e torna-se a "correnteza sem travessia" – ela cinge o reino do deus dos mortos".

Este mito, que é um mito da criação, tem como objeto não apenas o surgimento do mundo mediante o amor, mas também o surgimento da morte; amor e morte são verdadeiramente seus temas.

---

20. ZIMMER, H. *Abenteuer und Fahrten der Seele...* Op. cit., p. 301.

Agora, para Shiva, segue-se a fase do desapego paulatino da falecida, uma fase que em um processo de luto humano descrevi como fase de busca, descoberta e separação[21]. Shiva põe o cadáver de Shakti sobre os ombros e, enlouquecido de dor, corre com ele em direção ao Oriente. Se ele já não pode amar a Shakti, então não quer separar-se da defunta. Conhecemos isso em todo processo de luto pelo qual o enlutado reencontra o falecido depois de tê-lo "procurado" por toda parte, e agora deseja continuar a viver com ele, nem que seja de outra maneira: com as lembranças dele, em vez de com uma pessoa viva. Entretanto, é preciso também dizer adeus a esta fase, também às lembranças dos mortos, porque, do contrário, a pessoa desaparece do mundo dos vivos.

No mito, os deuses sabiam disso. Eles estavam preocupados pelo fato de que enquanto Shiva estivesse em contato com Shakti, esta nunca se desintegraria, que o eterno processo do "morre e vem a ser!", da morte e do renascimento, da eterna transformação da vida fossem, portanto, impedidos. Assim, Brahma, Vishnu e Saturno invadiram o cadáver de Shakti e fizeram cair ao solo pedaço por pedaço dele; contudo, em toda parte onde um membro da deusa caía em terra, ela foi adorada sob um nome diferente.

Aqui se mostra como Shiva deve desligar-se pouco a pouco de Shakti, não voluntariamente; ao contrário, será privado dela mediante o poder dos deuses ou por meio da natureza do destino, que conhece a eterna transformação. O mito mostra

---

21. Cf. KAST, V. *Trauern*... Op. cit., p. 67.

o motivo do despedaçamento, que é evidentemente necessário, a fim de que o processo da vida possa continuar: cada um de seus membros se torna um monumento à deusa, permitindo-lhe ter continuamente um papel na vida dos mortais. Para Shiva, que atravessa esse processo de transformação, deviam ser predominantes os sentimentos da desintegração de sua lembrança da falecida, mas também de seu próprio despedaçamento mediante esse processo. Onde a cabeça dela caiu no chão, Shiva deteve-se e contemplou o acontecimento, tomado de dor. Ainda que esse processo esteja a serviço da vida, é medonho para aquele que o suporta. Os deuses então se aproximaram também de Shiva e quiseram consolá-lo. Quando "ele os viu aproximar-se, sobrepujaram-no dor e vergonha. Diante dos olhos deles, Shiva se tornou pedra e, em sua loucura de amor e dor de amor, ficou petrificado em um grande linga[22].

Tal como muitos enlutados, agora Shiva se envergonha também de sua dor, e petrifica-se. Na religião indiana, linga é símbolo da capacidade procriadora. Em sua petrificação, no entanto, agora Shiva torna-se sua própria natureza; a saber, o símbolo de um deus criador, procriador. Seria isto uma indicação de que nós também, quando nos petrificamos de dor e vergonha, talvez justamente então somos lançados no-

---

22. ZIMMER, H. *Abenteuer und Fahrten der Seele...* Op. cit., p. 304. • *Linga*: representação dos órgãos genitais masculinos em diversos emblemas e amuletos fálicos, símbolos do poder genésico, adorados na Índia, no culto do deus Shiva (*Dicionário Aurélio*) [N.T.].

vamente à nossa natureza primordial e, portanto, seria muito importante refletirmos sobre isso?[23]

Nessa fase os deuses pedem que Shiva abandone sua dor e volte a refletir sobre si mesmo como o ser supremo. Ambos os desejos dos deuses me parecem essenciais: em todo processo de luto chega o tempo em que se deve também sacrificar a dor. Às vezes, precisamente a dor é colocada no lugar da pessoa falecida. Para poder continuar a viver é preciso desvencilhar-se também da dor. Contudo, só podemos sacrificar a dor – e a palavra "vítima sacrificial" foi escolhida aqui mui conscientemente – se primeiro refletirmos sobre nós mesmos. Se Shiva deve refletir sobre si mesmo como o ser mais elevado, então devemos talvez refletir sobre nossa possibilidade totalmente especial, nesta vida, de realização daquilo a que somos destinados, cada um de nós – nossa tarefa de vida.

Shiva, no entanto, não pode refletir imediatamente sobre seu "ser supremo". Ele precisa do encorajamento de Brahma, que sempre o aconselha a abandonar sua dor e sua ira, e também lhe revela que, posteriormente, ele deverá receber Shakti de volta em forma diferente. Shiva pede a Brahma que o acompanhe até que ele possa emergir de sua dor – uma alusão ao fato de que também nós, mortais enlutados, precisamos de um acompanhante, até que consigamos abandonar a dor. Shiva é levado por Brahma do lugar de sua perda até os picos do Himalaia. Chegam a um pequeno lago da solidão. Nas águas desse lago, Shiva pode se recolher novamente e perma-

---

23. Cf. KAST, V. *Trauern*... Op. cit., p. 71.

nece ali, em concentração, até que a deusa, como Parvati, filha do rei da montanha Himalaia e de sua esposa Meneka, tira-o de sua solidão e voltam a viver juntos.

Nessa nova forma de vida, Shiva e Shakti, conforme a previsão de Shakti, recebem juntos um filho. Talvez isso possa ser também entendido no sentido de que somente quando o mistério do amor perante a morte é reconhecido e suportado, quando se passa pelo amor *e* pela separação é que o amor pode realmente ser criativo. O mito ensina que nada pode permanecer como é e como nós desejamos nas horas de maior amor e intimidade com uma pessoa. O mito sugere que precisamente quando alguém gostaria de pertencer a outrem, quando alguém tem um relacionamento plenamente autossuficiente, a separação torna-se um problema substancial. O que Shiva sofre mostra em imagens impressionantes um processo de luto que dificilmente poderia ser descrito de maneira mais apropriada. Todavia, não apenas no caso de uma perda definitiva, na morte de uma pessoa amada, mas também em cada separação, e nem que seja "apenas" uma fase de separação dentro de um relacionamento, os amantes podem ser acometidos de um luto assim.

É importante conhecer e aguentar firme essas fases do luto como algo que também pertence ao amor. Do contrário, permanece apenas a tentativa de fazer anular repetidamente as separações necessárias que certamente também enriquecem um relacionamento, e, assim, impedir o "morre e vem a ser!", até que a grande separação deva quase sempre ser buscada, a fim de que cada parceiro possa voltar a refletir mais sobre si mesmo e sobre sua tarefa de vida.

Contudo, ainda que compreendamos uma fascinação do tipo Shiva-Shakti como um processo intrapsíquico, o mito diz-nos que até mesmo o deslumbramento da vivência da própria totalidade deve ser sempre abandonado.

No casal Shiva-Shakti expressa-se uma ideia fundamental do amor humano: a sensação de totalidade que lhe é inerente, mas também a necessidade e a dor de dever separar-se uma e outra vezes, de sempre de novo ter de viver como pessoa individual, de dever reiteradamente abandonar uma totalidade alcançada. Mediante a travessia do processo de luto, que não deve ser separado da experiência do amor, cada um é lançado de volta a si mesmo e pode, a partir de uma nova autocompreensão, de uma nova reflexão sobre si mesmo, deixar-se envolver novamente pelo amor de forma mais fecunda.

Em razão de em Shiva-Shakti se expressar uma ideia fundamental do amor humano – juntamente com o processo do luto –, parece-me sensato considerar este mito como fantasia fundamental de todo relacionamento, justamente também quando conscientemente nos esforçamos por ideais bem diferentes. Mas como é que se lida no dia a dia com tal fascínio?

O casal, que queria construir um relacionamento fundado na parceria e somente por meio de cenas de ciúmes, chegou à ideia de que seu relacionamento, na verdade, estava baseado em uma fantasia diferente; teve de reconhecer que entre o ideal (a fantasia Shiva-Shakti) e sua convicção consciente (parceria) havia uma grande diferença. A esse respeito, pode-se apenas ficar triste, mas também se deveria perguntar se talvez não se tenha imaginado como vivível uma fantasia de relacionamento demasiado "moderna". O dilema entre o ideal e a realidade do relacionamento não deve ser resolvido, pois a realidade do relacionamento só pode ser mantida uma e outra vezes em confronto com o ideal; dos problemas que surgem, em geral só se pode concluir qual ideal é buscado por ambos os parceiros ou individualmente, em segundo plano.

Os dois tiveram de aprender que os ciúmes eram decididamente um assunto de seu relacionamento – e não algo inexistente, como haviam proposto. Tiveram de aprender que os ciúmes não são apenas expressão do querer possuir e do fato de que a pessoa não pode largar o parceiro; que eles não apenas significam que não lhe é concedido nada, mas que os ciúmes são também o sinal de que o ciumento está aquém, dentro de seu relacionamento; que o relacionamento está em perigo[24]. Falo, naturalmente, não das pessoas que, de tão ciumentas, observam cada passo do parceiro com suspeita, querem realmente tê-lo inteiramente para si, e que nem aprenderam a estar a sós sequer uma vez, nem a enlutar-se, nem a confiar em uma nova possibilidade de aproximação dentro de um relacionamento existente.

O casal teve de aprender que em toda vida, estímulos de fora podem trazer novos impulsos, ímpetos a realizar a si

---

24. Cf. KAST, V. *Neid und Eifersucht – Die Herausforderung durch unangenehme Gefühle*. Zurique, 1998.

mesmo, a incluir novos aspectos da vida, e que essas instigações não devem e não podem realmente vir todas do parceiro, ainda que isso fosse naturalmente lisonjeiro para a própria autoestima, caso uma pessoa pudesse realmente ser tudo para alguém. No entanto, precisamente estes novos estímulos, que vêm também de fora, de novos contatos pessoais, enriquecem um relacionamento, mudam-no para uma nova intensidade, caso não devam ser repelidos.

Contudo, nem sempre é fácil abrir mão de seus ideais, enlutar-se e entregar-se a novos impulsos. Usando o exemplo do homem de 35 anos, que não queria entrar em nenhum relacionamento que o fascinasse, gostaria de mostrar outro confronto com o ideal de um relacionamento do tipo Shiva-Shakti.

3
Pigmalião: um entreato
A propósito do anseio de formar um parceiro à sua imagem

Vós, os deuses, tudo podeis dar,
então, que minha esposa seja seme-
lhante à minha donzela de marfim.
Ovídio

My Fair Lady

Herbert, o "artista burguês" – como ele se autodenominava – de 35 anos, mencionado no começo, pôde compreender que um ideal Shiva-Shakti influenciava decisivamente seus desejos de relacionamento e que, justamente por isso, principalmente por causa do inerente medo da separação, ele não conseguia entrar em nenhum relacionamento com uma mulher que realmente o fascinasse. Associamos também seu medo de estimulação excessiva, da qual tinha receio em seu trabalho criativo, com o aspecto intrapsíquico da conexão entre Shiva e Shakti, com uma experiência de totalidade que ele tanto desejava quanto temia.

Para ele, no entanto, era impensável renunciar a esse ideal que o fascinava ainda mais, depois que havíamos falado a respeito. Com certeza ele sabia também que esse ideal não poderia ser vivido, e se sentia bloqueado.

Chamou-me a atenção o fato de que ele sempre se queixava de sua namorada enfadonha, a qual ele, porém, escolhera tão conscientemente. Interpelado a esse respeito, disse ter a fantasia de "fazer algo" dessa moça, "modelá-la" de tal maneira que, em seguida, pudesse amá-la. Desse modo, teria ele um grande amor e, mesmo assim, manteria tudo sob controle. Provavelmente isso seria uma ilusão, mas ele pensa em algo parecido com o que é descrito na história de *My Fair Lady* [Minha bela dama].

> Gostaria de extrair de uma mulher tudo o que me parece desejável e o que desejo para poder viver com uma mulher. Para isso, no entanto, no início ela precisa ser enfadonha; simplesmente não consigo que uma mulher me venere assim, de modo a deixar-se moldar. Isso, porém, provavelmente já não será possível com a emancipação.

Pareceu-me que ele aludiu a uma nova fantasia de relacionamento, e perguntei-lhe – a fim de constatar seu papel na fantasia de parceiro e para reconhecer quais partes inconscientes dele já estariam acenadas mediante a imagem da mulher moldável – como se veria nesse processo. Ele respondeu: "Eu pareceria o bom Deus – com limitações, naturalmente. Talvez assim pudessem ser erradicadas as falhas da criação...

Talvez também ampliá-las". Disse-me ainda que se imaginaria em tal situação como muito criativo, que seria criativo modelar alguém segundo sua concepção, que ele poderia "vestir alguém com uma personalidade".

Nessa fantasia de relacionamento ele se vê como uma pessoa que, em seu ser criativo, achega-se à proximidade de Deus. Isso ressoa um tanto presunçoso, mas provavelmente deve ser levado muito a sério, pois seu profundo anseio por um poder criativo assume forma na fantasia, que talvez corresponda plenamente a um aspecto de suas possibilidades humanas e está muito ligado à sua mais íntima natureza. Para que ficasse mais claro para mim – também a respeito da possibilidade da existência de sua nova ideia de relacionamento –, perguntei-lhe que papel estaria reservado à mulher neste relacionamento. Obtive esta resposta: "Ela estaria convicta de agradar-me, poderia admirar-me, poderia amar-me e eu também a amaria. Poderíamos, então, pertencer totalmente um ao outro, sem nada que nos separasse. Eu a conceberia de tal sorte que ela jamais se separaria de mim".

Embora tenhamos aqui uma nova fantasia de relacionamento, ela é uma reedição do ideal Shiva-Shakti, ainda que o papel de Herbert seja, em princípio, essencialmente diferente daquele de Shiva: ele quer formar sua parceira. Para seu processo criativo, provavelmente esta fantasia é de grande importância: à medida que ele idealiza uma mulher, formando-a nesta fantasia, fantasiando a si mesmo na cena de modelação, intrapsiquicamente cria uma conexão entre masculino e feminino que muito o satisfaz e que o enche da sensação do poder criativo de modelar.

Contudo, também estava claro para ele que tal ideia de relacionamento dificilmente seria vivível. A esse respeito, ele me disse: "Esta fantasia agitou-me terrivelmente, gostaria de viver assim, mas naturalmente não é dessa forma que as coisas são, pois uma mulher é também um ser humano autônomo, não um pedaço de cera".

Embora o ideal da pertença-recíproca-total e da compreensão-mútua-total lembre Shiva e Shakti, pois também neste caso existe a precaução contra a separação, na medida em que não são fantasiadas duas pessoas reais e autônomas, a diferença consiste em que Herbert imagina-se como criador; por conseguinte, essencialmente mais ativo do que Shiva, apesar de o "resultado" ser o mesmo: poder amar alguém sem a menor restrição, sem a necessidade de se separar reiteradamente da pessoa amada, nem mesmo pelo fato de que encontra na parceira algo não tão bom, e por isso fica temporariamente distante.

Querer formar o parceiro é uma fantasia de relacionamento que não é desconhecida pela maioria das pessoas, mesmo que raramente seja admitida ou predominante nesta extrema forma, como acabamos de conhecer. A maioria das pessoas se contenta com o fato de querer fazer com que seu parceiro desabitue-se de algumas manias ou fortaleça as qualidades desejadas, de tal maneira que, sem se dar conta, mude na direção em que a outra pessoa quer.

Um processo educacional sutil, um subproduto do amor – reconhecidamente, nada muda mais do que o amor – ou um ato criativo? Aqui se torna visível quão próximo é perscrutar as melhores possibilidades em um parceiro. E neste ponto, o estímulo para superar sempre mais o que já é, o que já se consolidou, deve ser colocado ao lado das intenções grosseiramente pedagógicas, que querem modelar o parceiro segundo os próprios desejos – provavelmente ainda mais com a preocupação de que o amor poderia se perder, caso ele ou ela não faça algo imaginado do que deveria ser. Nesse caso, a fantasia amorosa e o despotismo oculto estão muito próximos. Qual dos dois predominará? Isso geralmente depende se existe um grande amor e se há concessão de autonomia à outra pessoa. A importância, para a humanidade, de formar o parceiro é demonstrada por sua recorrência na literatura. Herbert tinha a ideia de que sua fantasia de relacionamento se encontrava no musical *My Fair Lady*, baseado na comédia *Pigmalião*, de George Bernard Shaw, encenada pela primeira vez em 1913. A trama, brevemente resumida, mostra que o Professor Higgins, um linguista especialista em dialetos, tem sua atenção voltada para o linguajar incomum de Elisa, uma simples florista. Higgins quer fazer dela uma dama, e visto que sua especialidade é a linguagem, esta deve ser concretizada na expressão verbal de Elisa. Assim, ele passa a ensiná-la, e Elisa tem grandes progressos. Higgins está apaixonado por ela, mas não admite. Se ela será acolhida na alta sociedade – e isso só será possível pelo casamento –

permanece em aberto. O impressionante neste musical é como Higgins aparece como um novo criador de Elisa e como ela se deixa moldar. Com isso, a comédia e o musical remetem à saga de *Pigmalião*:

> Porque viu mulheres passarem sua vida na prostituição, porque o repugnava a multidão dos erros que a natureza deu ao sentido feminino, Pigmalião vivia sozinho, sem esposa, e há muito tempo não tinha companheira de cama. Entretanto, entalhou um marfim branco com grande arte, conferindo-lhe uma forma tal que jamais uma mulher poderia ter, e foi tomado de amor pela própria obra. Seu rosto, como o de uma donzela real, era possível acreditar que estivesse viva, que queria mover-se, se a vergonha não a impedisse. Assim, sua habilidade disfarçava a arte. Pigmalião admira-se e traz no fundo do peito o ardor pela imagem de um corpo. Muitas vezes ele toca sua obra com a mão e experimenta se é carne, se é marfim, e também assegura-se, mesmo assim, de que não é marfim. Dá-lhe beijos, presume que ela retribua, interpela-a e a abraça. Acredita que seus dedos pressionam a carne de seu corpo, receando que a pressão possa fazer o membro tocado mudar de cor. Imediatamente lhe diz palavras lisonjeiras, logo traz presentes que as moças apreciam, pedras polidas, passarinhos e flores multicoloridas, lírios, bolas coloridas e as lágrimas da filha de Hélio, gotejadas das árvores. Veste-a,

coloca anéis em seus dedos e colar ao pescoço. Graciosas pérolas pendem da orelha, e em seu peito uma joia. Tudo isso a ornamentava, mas também nua, não era menos bela de se contemplar. Coloca sobre ela cobertas púrpuras, chama-a de companheira de cama, apoia-lhe a nuca com travesseiros macios, aveludados, e deita-a suavemente, como se o sentisse.

Chegou o dia Vênus, celebrado em todo o Chipre, com grandes chifres dourados; jovens touros caídos, atingidos na nuca branca; o incenso fumegava. Depois de haver sacrificado, Pigmalião se aproximou do altar: "Vós, os deuses, tudo podeis dar" – suplicou timidamente. "Então que minha esposa seja" [ele não ousou dizer 'a donzela de marfim'] semelhante à minha jovem ebúrnea". Vênus, presente à sua festa, entendeu o desejo dele; como sinal de sua divindade, elevou a chama por três vezes e lançou ao ar seu vértice. Quando Pigmaleão retornou para casa, correu apressadamente até a imagem de sua jovem, lançou-se ao leito e deu-lhe beijos. Ela pareceu aquecer-se. Ele aproximou novamente a boca, tateou-lhe o peito com a mão, e eis que o marfim tocado tornou-se macio, perdeu a rigidez, cedeu a seus dedos e amoleceu como cera do Monte Himeto, que se derrete aos raios de sol. Modelada pelos dedos, mostrou sua utilidade. Embora estivesse maravilhado, tinha dúvidas, verificando várias vezes com as mãos. Era de carne e osso! Tocadas

> pelos dedos, as veias latejavam. Em agradecimento, o habitante de Pafos proferiu a Vênus palavras cheias de emoção. Sobre a boca que finalmente já não o engana, pressiona a sua. A donzela sentiu o beijo e enrubesceu. Quando ele se elevou, através de tímida luz ela viu, ao mesmo tempo, o céu e o jovem amado. Vênus é complacente com o matrimônio, que ela própria instituiu. Ela gerou Pafos, de quem a ilha recebe o nome[25].

Enquanto Brahma observou, viu e criou uma mulher em sua imaginação, Pigmalião esculpiu para si uma mulher segundo sua concepção. Este é mais enérgico, provavelmente correspondendo à Grécia patriarcal. É considerado misógino, e o mito de Pigmalião não é muito apreciado, especialmente pelas mulheres. Ele as considerava tão imperfeitas, que nenhuma delas o agradava! Fica evidente que Pigmaleão não conseguia conciliar a imagem da mulher que ele moldou com uma mulher real; ou, com outras palavras: ele não encontrava uma mulher para compartilhar suas fantasias. Pigmalião não busca um *vis-à-vis*, mas uma mulher moldada por ele, segundo sua imaginação. À mulher é negada a autonomia. Mas em Pigmalião temos diante de nós um homem que modela tanto sua fantasia de relacionamento, que ela ganha vida. Se, nesse processo, a mulher se torna bela, perfeita, passiva e vazia, ele permanece o criador. Contudo, só pelo fato de a mulher possuir estes atributos – que os homens

25. OVID. Die Sage von Pygmalion. *Metamorphosen*. Livro X. Munique, 1964, linhas 243-297.

vinculam às mulheres (e elas a si mesmas) –, não seria correto ver em Pigmalião apenas um desprezador das mulheres, aquele que sabe como uma mulher deve ser. Por trás de sua fantasia de relacionamento também se oculta o desejo de realmente poder amar uma mulher.

Se considerarmos mais uma vez o casal como uma possível conexão entre o feminino e o masculino na psique de um homem ou de uma mulher, então outros aspectos se tornarão visíveis; neste caso, talvez possamos apreciar a situação com menos preconceito.

O desejo de "fazer" algo do parceiro, quiçá até mesmo como uma obra de arte (em vez de fazer da própria relação uma obra de arte), é também, provavelmente, um dos nossos ideais de relacionamento. Quantas vezes se ouve uma pessoa dizer ao seu parceiro/à sua parceira, com orgulho: "Tu te tornaste mais belo desde que nos conhecemos!" "Por meio de nosso amor, tens ganhado mais coragem e confiança!" Sentimos que o relacionamento é belo quando fazemos uma pessoa crescer mediante o nosso amor. Esse desejo de fazer algo pelo outro também é expresso quando vestimos o parceiro do modo como mais gostamos de vê-lo, como fez Pigmalião. A necessidade de fazer algo pelo parceiro também pode levar ao desejo de "salvá-lo, e para isso empregamos todas as nossas forças para que ele passe a considerar o que achamos adequado para a sua vida. Porém, esse ideal de fazer algo pelo parceiro, de realçar seus aspectos mais belos, deve estar fundamentado em suas possibilidades reais. Não deve ser "martelado", mas, por meio da confiança amorosa, ser desenvolvido, e se realmente estiver ao alcance da pessoa amada. Portanto, o ideal deve corresponder a uma fantasia objetiva e não apenas subjetiva do amante.

Quando esta imagem – muitas vezes das possibilidades sobre-humanas, das melhores, das que transcendem a situação do agora – leva demasiado tempo para a realização, somos tentados a dar-lhe um empurrãozinho. Nesse caso, não é uma imagem de liberdade para o outro, que leva ao seu desenvolvimento, mas sim uma imagem pela qual ele é forçado a entrar. Naturalmente, tal coerção do outro corresponde a um permanecer-em-relação, não lhe permitindo autonomia; também é um permanecer-em-relação no qual o próprio orgulho e a própria satisfação ficam acima do bem-estar do parceiro. Entretanto, na história do desenvolvimento de duas pessoas, muitas vezes realmente surpreendente, ambas são tanto criadores quanto criaturas.

O problema de uma fantasia do tipo Pigmalião é fazer com que um seja criador e outro criatura, em vez de cada um dos parceiros poder ser tanto criador quanto criatura. Resta ponderar, porém, que Pigmalião – e em seu rastro, os muitos amantes – não quer ser criador unicamente pela vontade de dominar, mas também pela desesperada vontade de quando tiver moldado o ser amado, de tal sorte que ele tenha se tornado digno do amor.

Ainda que compreendamos Pigmalião – criando para si uma mulher que lhe seja agradável – como um processo intrapsíquico em um homem ou em uma mulher, permanece um desequilíbrio. Portanto, a fase pigmaliônica deveria ser apenas um entreato.

A constatação de que a história de Pigmalião está reiteradamente ligada ao relacionamento entre homem e mulher – e também criticada –, está no fato de que a literatura de entretenimento retome constantemente esse tema. Também está na possibilidade de "reverter Pigmalião". Em seu romance *Wovon du träumst* [Com que sonhas], Horst Wolfram Geissler descreve como um casal se desenvolve mutuamente, até à máxima realização, mediante um trabalho criativo (ele se torna para ela um poeta, e ela uma atriz). Juntos, alcançam apogeus e sucesso, com os quais mal se pode sonhar. Nesse romance, porém, a mulher é quem estimula o marido, um secretário judicial, a permanecer com suas tentativas poéticas. Em vista disso, ela é indagada por seu ex-marido:

> – Para mim, não está totalmente claro se a história de Pigmalião pode ser facilmente revertida.
> – O que isto significa? – Fen quis saber.
> – ...ora, veja: acredito que o escultor Pigmalião tenha criado uma imagem de mulher tão bela, que se apaixonou por ela. Creio também que os deuses, para agradar-lhe, deram vida ao mármore, e que, agora, talvez tenha acontecido de ambos viverem muito felizes juntos. Então posso imaginar que a formosíssima jovem aprendeu a cozinhar bem, remenda meias diligentemente e coloca flores sobre

a mesa. Afinal, foi graças ao homem que ela recebeu uma alma.

– E...?

– Ora, suponha que Pigmalião não tivesse sido um homem, mas uma mulher. Esta artista, portanto, criara um homem, e ambos seguiram seu curso – tudo revertido – exatamente como antes.

– Sim, é daí?

– Ora! [disse Peters]. Visto que conheço os homens, não sei! Em todo caso, o afortunado jovem imbuído de uma alma provavelmente não teria nem cozinhado, nem cerzido meias, também não teria colocado flores sobre a mesa, mas no terceiro dia, o mais tardar, teria esmurrado fortemente a mesa e berrado: "Onde está a comida, caramba. Esse desmazelo não deve continuar assim!"

– E depois?

– Depois? Acho que isso basta. Mas, no caso de "reverter Pigmalião", a esposa logo teria erguido os braços aos deuses, soluçando, e implorado ajuda contra esse monstro, contra esse sujeito arrogante, contra essa terrível personagem.

– E o que os deuses teriam feito?

– Teriam sorrido. Fen, ninguém pode rir tão desapiedadamente quanto os deuses[26].

---

26. GEISSLER, H.W. *Wovon du träumst*. Zurique, 1955, p. 72s.

Mas o romance, como um todo, mostra claramente quão fecundo pode ser um relacionamento quando ambos os parceiros uma e outra vezes são Pigmalião e conseguem experimentar seu deleite de criador.

O mito de Pigmalião influencia até os sonhos. Uma mulher de 25 anos sonhou que deveria ir, como aprendiz, à casa de certo Sr. Pigmai – ou algo assim. Ele mora onde antigamente havia uma olaria.

O nome Pigmai parece ser importante para a compreensão deste sonho. A sonhadora não conhece ninguém com nome semelhante. Em seguida, associa aos pigmeus, pessoas pequenas da selva africana. *Pygmaios* significa também anão; Pigmalião poderia também significar "anão". Os anões são os acompanhantes criativos da Grande Mãe, são os que produzem e moldam algo; no entanto, também são pequenos e discretos. A alusão à antiga olaria como lugar onde anteriormente alguém havia sido criativo, poderia ser uma referência à natureza criativa.

Pedi à sonhadora que imaginasse o Sr. Pgimai como trabalhador da olaria, o que ele fazia ali e modelava, e também o que ela talvez pudesse aprender com ele. Em sua imaginação, a mulher viu que o Sr. Pigmai modelou uma mulher "do jeito que eu gostaria de ser, e com a expressão que eu gostaria de ter. Um ideal de mim, expresso corporalmente, que eu poderia admirar". Essa mulher tem problemas em relação ao seu sobrepeso. Não gosta de tocá-lo nem vê-lo.

Estimulada pelo sonho e pela imaginação, começou a modelar, durante alguns meses, corpos femininos com argila. Pelo fato de que deveria continuamente verificar a proporcionalidade de seus trabalhos, lentamente foi conquistando um bom relacionamento com o seu corpo. Assim, durante seu trabalho criativo de modelagem, ela igualmente modelou sua experiência corporal, conquistando autoconfiança e desenvolvendo senso de responsabilidade pelo seu corpo.

Pigmalião nela – ela não conhecia o mito – e a mulher que foi moldada criativamente por ele formam um casal que ela manteve em suspense ao longo daqueles meses em que modelava, e que sua consciência-do-eu desperta assumiu no "aprendizado". Foi Pigmalião nela quem exerceu a direção, e isso mostra-se no fato de que ela não se afastou do trabalho de modelagem. Ela modelava quase coercitivamente, até que adquiriu plena consciência de seu corpo e pode, enfim, ousar a entrar também em relacionamentos corporais.

"Pigmalião" não é, de forma alguma, uma fantasia masculina. Há mulheres que clamam precisamente por um Pigmalião. Pelo fato de, ao longo dos séculos, a autonomia e a autorresponsabilidade das mulheres terem sido muito cerceadas, geralmente elas não desenvolvem fantasias relacionais.

Certa mulher de 46 anos, em uma carta à sua analista, escreveu: "A senhora pode fazer tudo de mim, mas faça algo. Modele-me como uma obra de arte. A senhora logo terá alguma ideia. Tenho tentado por tanto tempo, sem sucesso, fazer algo de mim..."

Aqui se torna claro outro aspecto do mito de Pigmalião: Quem desafia Pigmalião? Quando e em que situações exigimos de nossos parceiros – e também dos terapeutas – que sejam um Pigmalião bem-sucedido? Certamente quando não queremos ter a responsabilidade por nossa própria vida, quando gostaríamos de colocá-la sobre os ombros de outra pessoa ou quando nunca a assumimos. Portanto, Pigmalião só pode moldar tão autocraticamente quando uma criatura não quer ter vontade própria, nenhuma fantasia de vida própria, nenhuma responsabilidade pessoal. Neste ponto, provavelmente todos nós corremos reiteradamente o perigo de esperar ansiosamente por um Pigmalião, ainda que, em seguida – e isto é plenamente possível – voltemos a amaldiçoá-lo.

Durante a terapia, considero importante que os terapeutas conheçam a sedução de Pigmalião, interpretando o desejo do psicanalisando como o anseio por Pigmalião na própria alma. A este anseio também corresponde a possibilidade de ser Pigmalião, ainda que em medida ínfima.

Todos os exemplos do mito de Pigmalião mostram quão próximas uma da outra estão criação e destruição. A possibilidade de destruição foi apresentada explicitamente por Ingeborg Bachmann em seu romance inacabado *Der Fall Franza* [O caso Franza]. Este romance explora os "tipos de morte", mostrando que a mulher não pode sobreviver nesta sociedade.

Franza é casada com o psiquiatra Jordan. Ingeborg Bachmann descreve que ele repetidamente faz anotações sobre ela, deixando-as dispersas. Ele sempre força a esposa a apresentar um caso específico. – Aqui o tema não é a transformação amorosa, mas a transformação para a destruição.

> Por que jamais me dei conta disso, de que ele desmontava todas as pessoas até nada mais houvesse, que nada mais restasse senão um diagnóstico [...]. Ele não podia ver nenhuma pessoa ultrapassar as fronteiras que lhe fixava"[27].
>
> A partir daquele momento, eu frequentemente encontrava uma folha, às vezes com apenas algumas anotações. Precisei de muito tempo para entender isso; demorou muito tempo, mais de um ano; então compreendi que realmente se tratava de mim. Ele me estudava, preparava-me como a um caso e me instigava para um caso. E para cada folha que ele me mandava encontrar, ficava enfurecido. Um dia chegou a um ponto terrível... Já não sei como isso teve início. Durante um jantar, com escalope de vitela à vienense, levei um pedaço de maçã à boca. – Sabe, foi como a fatia de maçã nos contos de fadas. Com o pedaço de fruta à boca, comecei a tossir. Mas eu sabia que não me engasgara, de maneira alguma, mas repentinamente tossia para cima dele, como se estivesse envenenada...[28].

---

27. BACHMANN, I. Der Fall Franza. In: KOSCHEL, C.; WEIDENBAUM, L.; MÜNSTER, C. (eds.). *Werke*. Vol. 2. Munique/Zurique, 1978, p. 402.
28. Ibid., p. 405.

> O que leva Jordan a odiar e frustrar uma pessoa? Ele a frustra, paralisa, força-a, arranca-lhe a natureza, seus pensamentos e sentimentos; mata seu instinto de autoconservação, depois dá-lhe um pontapé. Nenhum animal faz isso; os lobos não matam o adversário que se humilha, eles não o matam; não são capazes de dilacerar sua garganta quando lhes é apresentada. Que sábio, que belo! E as pessoas, com poderosas armas, não têm escrúpulos [...]"[29].
>
> Ele tomou meus bens, meu sorriso, minha ternura, minha capacidade de alegrar-me, minha compaixão, minha capacidade de ajudar, minha animalidade, meu brilho. Ele extinguiu cada uma das manifestações de tudo isso, até que já nada mais aparecesse. No entanto, por que razão alguém faz isso, não compreendo[30].

Entretanto, também o Pigmalião destrutivo precisa de um oposto que se deixa destruir. Provavelmente Ingeborg Bachmann gostaria que esse fragmento de romance fosse entendido no sentido de que Jordan representa toda uma sociedade masculina, talvez o pensamento masculino que não deixa nenhum espaço ao feminino, a não ser que o feminino se coloque defensivamente contra esse fator destrutivo.

---

29. Ibid., p. 410.

30. Ibid., p. 413.

Uma história de relacionamento na qual Pigmalião desempenhava um importante papel foi vivida por um homem que tinha muitas dificuldades com mulheres: "Parecem-me demasiado exigentes para comigo, excessivamente dominadoras, não são absolutamente amáveis, querem ser mimadas...", o que também pode significar: "Não me sinto à altura das exigências das mulheres, sinto-me inferior, tenho medo de não ser suficientemente amado, tenho medo de que só receba amor se elas forem amimadas".

Esse homem encontrou uma jovem viciada em medicamentos. Considerou que estivesse bastante arruinada. Ela trabalhava como garçonete, embora tivesse formação qualificada. Tirou-a de seu trabalho. Estando apaixonado por ela, queria sobretudo afastá-la das drogas, do alcoolismo, que ainda se somava ao vício medicamentoso. E assim, passou a organizar a vida da jovem. Ele começou a organizar-lhe a vida. Ela estava satisfeita, pois finalmente alguém passara a cuidar de sua vida. – Porém, lá no fundo de si, preferisse homens mais ousados.

Levando-a para a sua casa, aquele homem passou a controlar o consumo que ela fazia de medicamentos; em parceria com ela, procurou descobrir qual trabalho ela poderia ter, em vista de sua qualificação; renovou o seu modo de se vestir, de se pentear etc. E isso a levava ao contentamento. – Na verdade, tudo isso não tinha muita importância para ela; mas ele era tão amável.

Aquele homem passou a ver em sua amada possibilidades artísticas, convencendo-a a ter aulas de dança. Quanto mais se dedicava à vida dela, mais ela lhe tornava atraente – "Amo a tua forma futura".

A jovem admirava-o por sua empatia, sua paciência, sua dedicação, seu jeito metódico, achando-o diferente dos outros homens. E isso o levava a admirá-la ainda mais.

Ele se sentia importante e se vangloriava pelo sucesso terapêutico da amada, sentindo-se melhor do que muitos terapeutas. Para ele, a jovem mulher estava praticamente saudável.

Comprovadamente ela se recuperou, vindo a se apaixonar por um homem jovem e impetuoso. Em vista disso, saiu da vida de seu salvador. Não conseguindo entender absolutamente nada, sentindo-se ludibriado e a considerando ingrata, ele jurou vingança.

Passado um ano, a jovem reapareceu; ela novamente se tornara viciada. O jovem por quem ela se apaixonou a abandonara ao descobrir o quanto era problemática. Também não havia se empenhado para o bem-estar dela.

Em princípio, os planos de vingança daquele homem-salvador haviam desaparecido, e ele concordou com a ideia de voltarem a viver juntos. Por sua vez, a jovem concordou que eles se casassem. Vivendo sob o mesmo teto, ele passou a minuciosamente elaborar planos que julgava importantes para ela.

Aos poucos, a jovem passou a assumir responsabilidade por sua vida, desenvolvendo interesses e aspectos de sua personalidade que ele não havia previsto. – No entanto, mantinha grande apego e gratidão por ele.

Em decorrência de relação extraconjugal por parte dela, o casal foi em busca de aconselhamento. Ela se sentiu punida por sua autonomia – algo que sempre se esquivara. Por sua vez, ele considerava que fora castigado por ter exercido o papel de Pigmalião.

Nesta história torna-se claro que uma fantasia de relacionamento como Pigmalião e sua criatura pode ter efeitos positivos; porém, ela deve ter seu tempo. Uma fantasia de relacionamento deve levar o casal a uma nova forma de relacionamento.

No aconselhamento ao casal chamou-se a atenção do homem que sua atitude havia sido tão construtiva, que sua esposa podia, agora, ser muito mais autônoma, e isso deveria aliviá-lo. Agora havia possibilidade de um bom relacionamento. Então ele pôde abandonar a ideia de punição.

O mito de Pigmalião pode levar à possibilidade de superação e ao perigo. Nele, tem-se em vista o grande amor que alguém gostaria de alcançar, como é apresentado no mito de Shiva e Shakti. Contudo, na maioria das vezes não estamos conscientes disso, tampouco o parceiro que é preferencialmente "criado" ou "educado". Tudo isso demonstra quão próximas se encontram a imagem do amor, que fomenta a vida, e a imagem do amor traído, que inibe da vida.

No caso de Herbert, este mito foi uma possibilidade de se livrar um pouco de seu fascínio por Shiva e Shakti. – Evidentemente, tal mito não deveria ser vivido no relacionamento. Em seu caso, o problema fundamental era que ele não se via em condições dc se separar de alguém; por isso, passou a desenvolver fantasiosamente o mito de Pigmalião como aspectos de sua própria alma. Porém, aprendeu a separá-lo da vida cotidiana.

4
Ishtar e Tamuz: a deusa do amor e seu jovem herói

Quero tornar leve para ti e para
mim;
é preciso ser leve,
de coração leve,
e com mãos leves segurar e tomar,
segurar e deixar.
Marechala. In: *O Cavaleiro da Rosa.*

Primavera e morte

Uma mulher de 45 anos que estava acostumada a ser cortejada por homens de sua idade e que mantinha relações amorosas com eles, apaixonou-se por um jovem de 19 anos. Para ele, ela foi a primeira mulher, introduziu-o no amor, filosofava com ele sobre a vida, deu-lhe a sensação de ser como um “jovem deus”. Para ela, aquele jovem personificava a força da juventude, sentindo-se feliz em ter para si um jovem, com toda a seriedade de seu amor. Ela não pensou que, nesse processo, pudesse acorrentá-lo; ao contrário, parecia-lhe evidente que esse amor deveria ser transitório; o amor de uma primavera que dificilmente sobreviveria no verão, muito menos no outono e no inverno.

Em sua fantasia de relacionamento, via-se como a mulher mais velha, generosa, que podia ceder àquele jovem a sabedoria do amor, de sua experiência; que ele ativou nela todas as forças do amor e que tanto poderia ser um amante como também um filho. O jovem via naquela mulher uma "deusa do amor" que o mimava e presenteava, proporcionando-lhe a experiência de ser um "jovem deus".

Incomodava-o um pouco suas manifestações maternais. Porém, ambos eram felizes na intensidade de seu amor.

Passado certo tempo, o jovem passou a vivenciar um mundo alternativo àquele que sua amiga maternal queria lhe proporcionar. Se, por exemplo, ela indicava-lhe a beleza da cultura, ele manifestava seu entusiasmo por corridas de motocicletas; isso era um indicativo que, aos poucos, ela estava lhe perdendo. E assim, uma crise se abateu sobre aquela relação: a atitude dela em relação a ele oscilava entre deixar ir e puxar para si.

A crise se tornou insustentável quando ele se apaixonou por uma mulher de sua idade e pôs fim àquele relacionamento. Inicialmente ela ficou triste, furiosa, decepcionada, sentindo-se um tanto explorada. Depois, porque o jovem mantinha valores adquiridos em seu relacionamento com ela, e não a desprezava, ela finalmente aceitou o novo amor dele. No entanto, por ser mais velha, ficou preterida.

Esta história ocorre com muita frequência, com o afastamento de um filho que a mãe tanto ama. Também é uma genuína história de amor na qual a sexualidade desempenha importante papel.

Essa fantasia relacional está apresentada no mito de Ishtar e Tamuz, que provém de uma história primitiva babilônico-assíria (cerca de 2800 a.C.). A transmissão deste mito é bastante incompleta, mas alguns traços fundamentais podem ser demonstrados com relativa segurança. Trata-se do mito de uma sociedade matriarcal, na qual a deusa-mãe, e deusa do amor, tem uma função central. Nesse mito, o filho-amante também ocupa lugar significativo, com sua força dinâmica de transformação.

Na primavera, quando brota a nova relva, Ishtar celebra na primavera as santas núpcias com o pastor divino Tamuz, com seu filho-amante: "Ele é uma figura que, de forma mais variada e cada vez mais simbólica, toma conta de ovelhas, protege o gado e combate leões. É o 'filho', a 'criança', mas também o 'herói', o 'viril' e, acima de tudo, o 'pastor'"![31]

Ishtar é uma das mais primordiais deusas-mãe e deusas da fecundidade; ela é mãe e esposa de Tamuz, mãe e protetora dos reis babilônicos, que são compreendidos como personificações de Tamuz[32]. O tempo das núpcias sagradas é o

---

31. SCHMÖKEL, H. *Das Land Sumer – Die Wiederentdeckung der ersten Hochkultur der Menschheit*. Stuttgart, 1955, p. 7.

32. Cf. GÖTTNER-ABENDROTH, H. *Die Göttin und ihr Heros – Die matriarchalen Religionen in Mythos, Märchen und Dichtung*. Munique, 1980, p. 244.

tempo da vegetação, que floresce e cresce. Se a grande deusa e seu filho-amante se amam, então a vida pode desabrochar, e a fecundidade garantida. Tamuz, então, combate em prol de que esta vida e seus rebanhos – expressão do que é vivo e vital – sejam mantidos pelo tempo em que forem possíveis.

Durante o período da seca, do verão, Tamuz deve descer ao reino dos mortos porque uma *demônia* o matou junto aos rebanhos – essa demônia é geralmente compreendida como um aspecto da própria Ishtar. Por sua vez, Ishtar fica inconsolável pela perda do filho-amante e o procura por toda a parte; e assim, também desce ao reino dos mortos para resgatá-lo da deusa da morte. Nesse processo, Ishtar também morre. Porém, por que ela havia tomado providências no mundo superior, os deuses enviam-lhe a água da vida, e ela retorna, atravessa o país da Suméria, tornando-o fértil. Enquanto ela se manteve no reino dos mortos, o país permaneceu infrutífero.

Ishtar deixa Tamuz, o filho-amante, no reino dos mortos. Até então, ele não havia compreendido e reconhecido seu próprio sofrimento naquele reino. Depois ele pôde ressuscitar (após 160 dias), e novas núpcias sagradas foram celebradas[33]. Desse modo, ficou garantida simbolicamente a renovação da vida, como também sua compreensão; isto é, na vida há o florescer e o fenecer, a abundância e a seca se seguem inevitavelmente uma à outra.

---

33. Cf. SCHMÖKEL, H. *Das Land Sumer...* Op. cit., p. 8. • GÖTTNER-ABENDROTH, H. *Die Göttin und ihr Heros...* Op. cit., p. 65s.

Tanto as núpcias sagradas quanto a ida ao reino dos mortos e a ressurreição, que culmina com novas núpcias sagradas, repetem-se periodicamente. As núpcias sagradas foram reencenadas respectivamente em ritos entre a suma sacerdotisa de Ishtar e o rei como representante de Tamuz. Um canto nupcial da Suméria pode mostrar os aspectos mais importantes dessas núpcias divinas[34]. Eis um poema pertinente a ele:

> No palácio, na casa que fornece instruções
>   ao país,
> na casa do rei de todas as terras,
> no E'ilurugu, os "cabeças negras", as pessoas
>   em geral
> erigiram um assento elevado para a "Senhora
>   do Palácio":
> o rei, o deus, demora-se ali com ela.
> Que ela decida o destino dos países,
> que ela brilhe nos primeiros dias bons.
> No dia da lua negra cumpra a ordem divina,
> prepare-se no dia de Ano-novo, no dia da
>   celebração do culto,
> o acampamento para minha Senhora.
> Limpe-se com ramos de... cedro,
> faça-se dele um leito para minha Senhora.
> Que lhe seja preparado como presente um...
>   – vestido.
> que ela... – se alegre, de coração, com o
>   vestido, desfrute do leito,
> que se dê banho à minha Senhora para o
>   regaço sagrado,

---

34. Cf. SCHMÖKEL, H. *Das Land Sumer*... Op. cit., p. 14.

que seja banhada para o regaço do rei,
que seja banhada para o regaço de Idindagã,
que se lave a santa Inana,
que se aspirja o chão com resina aromática de cedros.
O rei segue altivo, de cabeça erguida, para seu regaço sagrado,
Ama'usumgalanna [i. é, Dumuzi, representado pelo rei] desfruta de seu santo corpo.
Depois que a Senhora se saciou no regaço sagrado do leito,
depois que a santa Inana se saciou no regaço sagrado do leito,
fala-lhe nos lugares santos do acampamento:
"Pertenço... ao herói Idindagã"[35].

O que é comovente neste mito é que Ishtar de forma alguma simplesmente vende seu filho-amante ao reino dos mortos; ao contrário, ela parece estar muito dolorosamente atingida pela morte de Tamuz, posto que talvez a tenha provocado, e ela própria vai ao reino dos mortos, padece a morte e é revivificada pela água da vida. A diferença entre ela e Tamuz é apenas que dispõe da água da vida, ao passo que Tamuz depende de sua água da vida.

Conforme demonstrou Ranke-Graves, no matriarcado, "a grande deusa era identificada com as transformações sazonais

35. FALKENSTEIN, A. *Zeitschrift für Assyriologie und verwandte Gebiete.* [s.l.], 1939, p. 38s. • FALKENSTEIN, A.; VON SODEN, W. *Sumerische und akkadische Hymnen und Gebete.* Zurique, 1953, p. 96s. [Inana e Dumuzi são os predecessores sumérios dos babilônios Ishtar e Tamuz].

no reino animal e vegetal"[36]. Na primavera era apresentada como uma menina, no verão como uma ninfa e no inverno como uma mulher anciã que mora no reino dos mortos.

Essa tríplice manifestação da grande deusa foi dividida em três deusas, na mitologia grega: Selene, Afrodite e Hécate. Contudo, é provável que, originalmente em todas as três formas de aparência tencionava-se uma e mesma deusa em seus diversos ciclos de vida, a qual, naturalmente, também preparava três diferentes situações vitais para o herói masculino, ligada a ela no amor: 1) a situação do amante desejado, o qual traz grande alegria; 2) a situação do combatente contra a morte, contra o desaparecimento; e, finalmente, 3) a situação da tolerância de um tempo "morto", um tempo da retirada para que, em seguida, pudesse se tornar novamente o amante desejado. O herói depende da deusa-mãe, está integrado em seus ritmos.

Este mito impressiona pela forte ênfase sobre a cadência, a começar pela imensa revitalização – expressa no rito das núpcias sagradas – até à necessidade de ver o amor e a morte juntos, sendo que a morte, no entanto, é compreendida em sua dimensão "feminina": não como aniquilamento, mas como passagem para uma vida nova. Também se torna evidente como a deusa do amor, que também é a deusa-mãe, permanece sempre ligada a seu filho-amante, no amor e no luto. Ela deve até mesmo abandoná-lo uma vez

---

36. RANKE-GRAVES, R. *Griechische Mythologie – Quellen und Deutung.* Reinbek/Hamburgo, 1955/1982, p. 13.

ou outra vez – e também é deixada por ele –, mas participa de seu prazer e de sua dor.

Este mito está por trás da fantasia de relacionamento da mulher mais velha com o jovem, uma fantasia relacional que sobretudo as mulheres têm. Na fantasia, elas se veem como uma mulher semelhante à deusa do amor e à deusa-mãe; veem-se confirmadas em sua feminilidade e o jovem amante como um jovem deus que traz mais uma vez a primavera para dentro da vida, para quem, no entanto, elas também podem trazer a primavera do amor. E, tal como no mito, grande é a convicção a respeito da efemeridade desse tipo de amor.

Se, hoje, a ligação *mulher mais velha/rapaz jovem* se torna cada vez mais aceitável socialmente, não é somente pelo fato de que ambos podem proporcionar algo mutuamente, mas, e principalmente, pela fantasia de relacionamento – ou um relacionamento vivido –, pela qual a mulher se sente plenamente mulher, tomando consciência de seu valor. Não por acaso, hoje as mulheres estão redescobrindo as antigas deusas-mãe em seu esplendor e em sua grandeza. Se a mulher pode se identificar com as deusas-mãe, que também eram criadoras da cultura, ela perde seu complexo de cinderela[37].

---

37. Cf. GÖTTNER-ABENDROTH, H. *Die Göttin und ihr Heros*... Op. cit. • SCHREIER, J. *Göttinnen – Ihr Einfluss von der Urzeit bis zur Gegenwart*. Munique, 1977/1982.

O *Cavaleiro da Rosa*: uma representação na literatura

Uma relação amorosa entre uma mulher mais velha e um jovem é descrita em *O Cavaleiro da Rosa*, de Hugo von Hofmannstahl: *O Cavaleiro da Rosa* começa com a cena em que Otaviano, *O Cavaleiro da Rosa*, encontra-se no quarto da Marechala, confessando-lhe seu amor:

> Como agora minha mão achega-se à tua
> mão,
> o querer achegar-me a ti, o abraçar-te,
> este sou eu, que quer ir a ti;
> mas o Eu desvanece-se no tu...
> Sou teu garoto, mas quando em mim
> o ouvir e o ver cessam –
> onde está, então, teu garoto?
>
> *E a Marechala responde:*
> Tu és meu garoto! Tu és meu tesouro!
> Eu te amo!

Enquanto ele afirma categoricamente a permanência do relacionamento deles, ela, no entanto, enfatiza sua transitoriedade:

> *Otaviano*:
> Quero agarrá-la, agarrá-la
> para que ela sinta a quem pertence –
> a mim! Pois sou seu, e ela é minha!
>
> *Marechala:*
> Oh, que Ele seja bom, Quinquin [menino].

Sinto como se devesse sentir as fraquezas
de tudo o que é temporal,
bem dentro de meu coração,
como nada se deve reter,
como nada se pode agarrar,
como tudo escorre por entre os dedos,
tudo de que queremos lançar mão se desfaz,
tudo se esvanece como névoa e sonho.

Otaviano:
Meu Deus, de que modo ela o diz!
Ela quer apenas mostrar-me
que não está afeiçoada a mim.
(Seus olhos enchem-se de lágrimas.).

Marechala:
Que Ele seja bom, Quinquin!

Otaviano (chora mais forte).

Marechala:
Agora devo ainda consolar o garoto
pelo fato de que, mais dia menos dia, ele me
abandonará.
(Ela o acaricia.)

Otaviano:
Mais dia menos dia?"
(Veementemente:)
Quem me põe hoje as palavras na boca,
Bichette [bichinha, querida]?"

Marechala:
Que a palavra o magoe tanto!,
Otaviano (tapa-se os ouvidos).

Marechala:
O tempo, no fundo, Quinquin,
o tempo, no entanto, nada muda nas coisas.
O tempo é uma coisa estranha.
Quando se vai vivendo assim, ele não é
absolutamente nada.
Mas de repente, nada mais se sente senão ele.
Está ao nosso redor, está também dentro de
nós.
Transcorre nos rostos,
no espelho ele transcorre,
flui em minhas têmporas.
E entre mim e ti,
eis que flui novamente, silenciosamente,
como uma ampulheta.
(Mui seriamente:)
Quinquin, hoje ou amanhã ele se irá,
e me abandonará por causa de outra,
(um tanto hesitante:)
mais bela ou mais jovem do que eu.

Otaviano:
Queres com palavras afastar-me de ti,
visto que as mãos não te fazem esse favor?

Marechala (tranquila):
O dia vem por si só.
Hoje ou amanhã virá o dia, Otaviano.

Otaviano:
Nem hoje, nem amanhã! Eu te amo.
Nem hoje, nem amanhã!
Se deve existir um dia assim, não penso nele,
um dia tão odiento!
Não quero ver esse dia.
Não quero pensar nesse dia.
Por que te atormentas e a mim, Theres?

Marechala:
Hoje ou amanhã, ou dois dias depois.
Não quero atormentar-te, meu tesouro.
Digo o que é verdade, digo-o tanto a mim
quanto a ti.
Quero tornar leve para ti e para mim;
é preciso ser leve,
de coração leve
e com mãos leves segurar e tomar,
segurar e deixar...
Aqueles que não são assim,
a estes a vida castiga,
e Deus não se apieda deles.

Otaviano:
Hoje ela fala como um padre.
Será que isso significa que eu
nunca mais poderei beijá-la,
até que lhe falte o fôlego?

Marechala resume o essencial de tal relacionamento quando diz: “É preciso ser leve, de coração leve e com mãos leves segurar e tomar, segurar e deixar...” Em seguida, Otaviano é escolhido para entregar a rosa argêntea do senhor barão a Sofia, com quem este quer se casar. Ao mesmo tempo, Sofia e Otaviano se apaixonam, imediata e profundamente, um pelo outro. Obviamente, isso traz grandes complicações que, finalmente, são resolvidas por Marechala.

E como autêntica amante, ela ama também seu amor pela jovem garota, mesmo que isso lhe seja penoso:

> *Marechala* (diante de si, ao mesmo tempo com Otaviano e Sofia)*:*
> Prometi a mim mesma amá-lo da maneira correta.
> Que eu mesma ainda tenha amor por seu amor por outra!
> Certamente não pensei que isso me fosse infligido tão cedo!
> (Suspirando):
> Há muitas coisas no mundo,
> tais que alguém não acreditaria
> se quisesse ouvir serem contadas.
> Unicamente quem o experimenta, acredita nisso e não sabe como –
> Eis aqui o garoto e eis-me aqui,
> e com a garota estranha ali
> ele será tão feliz quanto os homens compreendem o que é a felicidade.
> Em nome de Deus[38].

---

38. HOFMANNSTHAL, H. *Der Rosenkavalier – Komödie für Musik in 3 Aufzügen*. Stuttgart.

Otaviano só tem olhos para sua Sofia. Marechala está abandonada, resta-lhe a lembrança. Se, de acordo com o mito de Ishtar e Tamuz, em razão de todas as dificuldades, Otaviano também caiu psiquicamente um pouco no "reino dos mortos", ele celebra a ressurreição no amor com uma mulher de sua idade, mas que é aprovada por Marechala.

Em *O Cavaleiro da Rosa* – como também no exemplo imediatamente anterior de fantasia relacional – alude-se à relação mãe-filho não apenas no relacionamento amoroso de uma mulher mais velha com um homem muito jovem. Seja no meu exemplo inicial, seja em *O Cavaleiro da Rosa* – diferentemente do mito – o jovem "herói" é quem deixa a amante maternal. No mito, no entanto, é a deusa-mãe quem afasta Tamuz de si, mas, posteriormente, ficou atormentada pelo remorso. Entretanto, como sempre acontece com o abandonar e o ser abandonado, aqui também não se sabe exatamente quem de fato deixa quem, e quem foi deixado por quem; é um processo do qual ambas as pessoas participam ativa e passivamente, sendo que, naturalmente, uma assume a parte mais ativa.

Mães e filhos

Deve-se prestar especial atenção ao aspecto da mãe-amante "infiel" no distanciamento da mãe em relação ao filho, pelo qual ela, mãe, realmente abandona um pouco mais o filho, a fim de que ele possa desligar-se dela.

A fantasia de relacionamento de Ishtar e Tamuz tem papel importante justamente no relacionamento das mães com seus filhos e no mútuo distanciamento. Precisamente as mulheres que têm em vista libertar seus filhos, não ligá-los a si mesmas, para além do tempo, e que os querem educar de tal forma que a equivalência dos sexos deva ser natural para eles, repentinamente se veem surpreendidas pelo fato de tratarem seu filho com a cortesia e o fascínio com que, na realidade, trata-se um filho-amante. A mãe com seu filho-amante é um modelo de relacionamento humano que merece a máxima atenção para que, assim, a separação, de fato, também possa ocorrer naturalmente.

A este propósito, cito um sonho: uma mulher de 46 anos tem um filho de 17 anos. Ele se esforça muito pela vida; quer moldar, tanto quanto possível, a própria vida, assumindo responsabilidades que ultrapassam sua idade. Sua mãe acredita na capacidade e no entusiasmo do filho, mas está um tanto preocupada, e nesse sentido tem este sonho:

> Ela se encontrava num templo onde se adoravam avatares debaixo da terra. Sabendo que o templo era da Grande Mãe, descobriu Cristóvão [seu filho] em posição fetal, adormecido em um canto do templo. Assustada, pensou no que podia ter acontecido a ele, e considerou correto que ele ficasse no templo da Grande Mãe.

A sonhadora sentiu que havia cedido seu filho à Grande Mãe, à Mãe Natureza ou à Grande Mãe Vida. De um lado, o sonho encheu-a de tristeza; era como se fosse a despedida deste filho, que agora se encontra em um contexto de vida mais amplo. De outro, ficou muito comovida com a coerência do sonho: o filho, como um embrião, provavelmente deveria nascer da Grande Mãe. Isto também corresponde ao processo de desapego: separamo-nos dos "pais pessoais" e, no lugar deles, entram os pais arquetípicos: o simplesmente maternal/o simplesmente paternal, com os quais nos deparamos por toda parte – também em nós –, quando não nos apegamos demasiadamente aos pais pessoais – na maioria das vezes com recriminações. A figura da caverna-templo é muito consistente: nela acontece um processo de pós-amadurecimento no abrigo da terra. Então Cristóvão se despertará novamente.

Essa senhora, que era muito ligada ao filho, entrega-o à Grande Mãe, e dificilmente causaria espanto se esse filho tivesse inicialmente um relacionamento amoroso com uma mulher mais velha. O sonho, não obstante, pode ser compreendido de maneira oposta: podemos entender o filho adormecido no âmbito da Grande Mãe como fantasia de relacionamento. Isto significaria que, nessa fantasia, chegou-se à fase em que ambos, a grande deusa e seu herói, estão no reino dos mortos; em uma fase de incubação, de pós-maturação, na qual algo novo pode surgir. Transpor a relação *mãe-filho* significaria que eles estão em uma fase de transição na qual não podem dar um ao outro sinais visíveis, mas que, ao mesmo tempo, podem suportá-la com grande tranquilidade.

Se a compreensão do sonho estiver ancorada na situação interior da sonhadora, ele exprimirá que a filialidade nela – que o associa à paixão pela vida, ao ser-criativo, ao desejar modelar, ao querer viver e amar –, está junto à deusa da terra, que também é a deusa da morte, e que só permite ressuscitar quando for chegado o tempo. Concedendo-se sossego a esse impulso, isso poderia corresponder a uma fase menos movimentada na vida da sonhadora, que talvez a experimentasse como enfadonha. No entanto, se o sonho for considerado à luz do mito de Ishtar e Tamuz, o fato será compreendido como fase normal de um acontecimento rítmico, ainda que a sonhadora preferisse estar imersa no ímpeto da vida.

Este sonho também sugere, na complexidade do relacionamento Ishtar-Tamuz, a interação entre feminino e masculino na psique da sonhadora. Na visão do filho-amante parecem estar expressos o fascínio pelo vir a ser, a superação de limites e a energia. No entanto, ele está em relação mais íntima com a Grande Mãe, sendo amado, cuidado, nutrido, como também submetido às transformações da natureza – nem sempre presentes –, mas tangível a seus ritmos. Em decorrência da vivência desse masculino, em determinado momento a mulher experimenta-se como dinâmica, em movimento, superando limites, e também como muito feminina, fortalecida em sua feminilidade. Isso dá a ela uma grande consciência de vida, de identidade e de dinamismo. Também lhe apraz obter essa consciência da vida de um jovem herói, seja um jovem amante ou um filho. Quando esta constelação é vivida no relacionamento com um filho, quando a mãe se identifica com a deusa-mãe ou com a deusa do amor – e não a partir dela mesma –, esta deusa não desejará desistir deste filho. Quando, porém, ele a deixa, ela volta a ficar velha, pois perde toda a vivacidade que o filho personifica e que também trouxe para dentro de sua vida.

O mito diz: Ishtar será abandonada, como as mães serão abandonadas; elas devem voltar ao reino dos mortos. Trata-se de sempre esclarecer para si que a consciência de vida dinâmica é passageira, que, quando projetada em pessoas, expressa-se em ligações que também trazem em si a despedida. Não obstante – ou justamente por isso, a vida é plena em intensidade. E de modo igualmente intenso são lamentadas as despedidas que se fazem necessárias.

A amante materna e o filho no sonho de um homem

O mito de Ishtar-Tamuz não diz respeito somente às mulheres. Os homens também têm anseio por essa conexão em sua alma. Um homem de 32 anos teve este sonho:

> Ele estava pescando em um lago. Seu filho – mais velho do que é – estava bastante ocupado, levando-o a desconfiar de que estivesse aprontando alguma maluquice. Ao constatar o que acontecia, viu que ele estava construindo um submarino com um casco de tartaruga. – Aquele sonho foi acompanhado de

> muita inquietação. De repente, viu que uma bela mulher, de cerca de 40 anos, irradiando tranquilidade, estava conversando com o seu filho. Isso o deixou satisfeito.

A primeira coisa comentada pelo sonhador foi que, ao despertar, pensou que seria bom se, um dia, este filho pudesse se apaixonar por uma mulher atraente, maternal. Assim, não correria tanto perigo. Somente depois lhe ocorreu que o filho, em seu sonho, era mais velho do que é, e que provavelmente o fato deveria estar ligado a si próprio, à sua própria filialidade, que reiteradamente estava desprotegida.

Esse homem, na realidade, tem dificuldade de proteger a si mesmo, magoando-se frequentemente e se esforçando além do necessário. Ele tem ideias muito boas, mas procura realizar pelo menos quatro delas ao mesmo tempo. Porém, na maioria das vezes, sequer executa uma delas. Frequentemente fica estimulado em fazer algo e também age nesse ritmo. No entanto, essa situação não lhe dá a grata sensação de estar vivo, mas a sensação ruim de irritação.

Em seu sonho anuncia-se que esse seu lado infantil – muito criativo e vivaz – deveria se unir a uma amante maternal. Assim, ele talvez pudesse compreender os ritos de criatividade e da vida em geral. Ou também pudesse compreender os ritmos da vida, para obter a sensação de estar vivo e de modo protegido – aquela que lhe veio ao encontro durante o sonho: a sensação de tranquilidade.

O mito no modelo de relacionamento entre duas mulheres

A figura do filho-amante geralmente está associada à pessoa do sexo masculino e a de deusa-mãe e deusa do amor à do feminino. Estes são, provavelmente, os casos mais frequentes, mas também é possível existir a fantasia relacional do filho-amante em uma mulher jovem e a da deusa-mãe em um homem. Haja vista que esse tipo de fantasia pode ser avivado tanto no homem quanto na mulher.

Isto se evidencia quando dizemos que o marido também deveria ser mãe para a sua esposa; que ela busca nele a mãe, e que também nele ela a encontra frequentemente. A fantasia dessa mulher seria a de ser um para o outro *mãe-pai*. Nesse sentido, ela poderia transmitir ao marido algo paternal, e ele, por sua vez, algo maternal. Ou, do contrário, ela buscar nele algum aspecto mais paternal e ele buscar nela algo mais maternal. Resumindo, as fantasias relacionais têm possibilidade de ocorrer no amplo espectro sexual.

A fantasia de relacionamento Ishtar-Tamuz também tem possibilidade de surgir em relacionamento homossexual feminino. Um exemplo: Eva, 40 anos, e Nella, 30 anos, têm um relacionamento amoroso. Eva é ceramista – ela tem uma forma mais maternal. Nella é jornalista. Entre elas, a fantasia relacional Ishtar-Tamuz é muito ativa: ambas idealizam um relacionamento que deveria trazer, tanto quanto possível, intensidade de vida. Desse modo, esperam que o trabalho criativo se torne fecundo, de modo que cada uma possa ter a sensação de que a outra lhe dá vivacidade para que ela seja criativa. A fantasia das núpcias sagradas existe plenamente em ambas, visto que Nella tem a sensação de que Eva lhe dá um pouco de barro e abrigo de que necessita para moldar suas ideias amalucadas; e Eva, por sua vez, tem a sensação de que Nella – ou o seu amor por ela – pode lhe proporcionar impulsos dinâmicos quando ela desejar "afundar-se na terra". Nessa fantasia elas se sentem semelhantes a Tamuz e a Ishtar.

No relacionamento, Eva sempre adquiriu a postura de amante maternal, que sustenta e que ama. Isso fez com que Nella se identificasse com o lado infantil – que expande fronteiras, é dinâmico –, sustentado por Eva, consciente de que essa inquietude criativa impulsionava o relacionamento. E, assim, os papéis de ambas se tornaram fixos, gerando a expectativa que a parceira deveria preencher sua fantasia relacional. Isso levou à perda de autonomia existente no início do relacionamento.

A vida de Eva passou por mudança: seus interesses artísticos se modificaram. Ela passou a se dedicar a um novo campo criativo – sob muitas dúvidas, mas também com novo dinamismo e alegria criativa. Isso foi uma mudança radical para ela e, de repente, já não era tanto a personificação da mãe amorosa e sustentadora; passou a ficar muito fascinada por um impulso mais dinâmico, enérgico, que ultrapassava limites – até mesmo passou a ser inquieta, em busca de algo que lhe devolvesse o "chão". Naturalmente, ela procurou esse chão em Nella. Esta, no entanto, não havia passado por alteração alguma. Não compreendia nem podia atender aos desejos de Eva, pois não dispunha desse "algo maternal". Como sempre, quando as fantasias relacionais são modificadas, o relacionamento entra em crise. E na crise, ambas se deram conta de que haviam se concentrado apenas em um aspecto da fantasia relacional, e Nella se tornou consciente de que também deveria assumir um papel amoroso-maternal.

5
Zeus e Hera: rivalidade como modelo de relacionamento

Em uma época
em que os valores se tornaram tão
incertos,
vencer é, pelo menos,
um valor evidente.

Casais contenciosos

Zeus e Hera formam um dos casais clássicos que celebraram núpcias sagradas; nas quais, simbolicamente, a terra se casa com o céu e o céu com a terra.

Um casal, ambos com cerca de 40 anos, buscou a terapia. Pedi a ambos para que se apresentassem a mim com as características que eles consideravam típicas de sua vida interpessoal:

> *Ele*:
> Estou convencido de que sempre tenho razão. Se alguma vez não tenho razão, o que raramente acontece, normalmente depois ninguém se dá conta.

Ela (cortando-lhe a palavra):
Não, ninguém te diz nada depois porque ninguém suporta tuas cenas, sempre que és insignificante.

Ele (interrompendo-a):
Não sou insignificante, mas tu pertences a um sexo mesquinho.

Ela (sem hesitação):
Roubaste esta frase de algum lugar.

Ele:
Isso também deve ser possível.

Ela:
Também posso fazer isso, mas nisso sou mais distinta.

Ele (em tom reprovador):
Ainda não te apresentaste corretamente.

Contudo, nisso ele se enganava, pois ambos haviam se apresentado de maneira impressionante nesta discussão, que ocorreu em velocidade inaudita, o que permite inferir uma longa prática.

Ambos são guiados por uma ideia de relacionamento em que um sobrepuja o outro. Para eles, trata-se de pensar em como se pode vencer em toda situação, de como se evita chegar à posição de perdedor. Não é questão de prestar atenção ao parceiro; ao contrário, o parceiro dá apenas a dica para a própria intervenção, e esta deve ser para o outro um golpe de aniquilamento, sempre que possível.

Desse modo, naturalmente não é possível resolver os problemas, pois, antes de tudo, não se trata do problema em si, mas do fato de que não se pode jamais perder. Portanto, é questão de princípio. Na maneira de se comportar para a resolução de problemas, esse casal também é rígido, pouco dinâmico e obstinado.

Temos diante de nós um casal contencioso, um casamento com contínua humilhação mútua e subsequente vingança, uma busca competitiva de poder, segundo Willi[39], ou, do ponto de vista simbólico-mitológico, uma fantasia de relacionamento do tipo Zeus e Hera. Cada um dos parceiros tenta provar que é o mais poderoso, para eliminar ou humilhar o outro; um caso clássico de depreciação. Essa forma de relacionamento, bastante frequente, é resistente ao processo terapêutico. Além disso, exige do terapeuta atenção redobrada para não cair no esquema do casal[40].

Como ilustração de casal contencioso, cito uma sequência do drama *Quem tem medo de Virgínia Woolf?*[41]:

> *Marta* (reflete por um segundo):
> Você me dá vontade de vomitar!
>
> *George:*
> O quê?

---

39. Cf. WILLI, J. *Die Zweierbeziehung: Spannungsursachen, Störungsmuster, Klärungsprozesse, Lösungsmodelle – Analyse des unbewussten Zusammenspiels in Partnerwahl und Paarkonflikt: Das Kollusions-Konzept.* Reinbek/Hamburgo, 1975, p. 123ss.

40. Cf. ibid., p. 123.

41. ALBEE, E. *Quem tem medo de Virgínia Woolf?* Peça em 3 atos.

Marta:

Você... me dá vontade de vomitar!

George (olha para ela)*:*

Isso não foi muito gentil, Marta.

Marta:

Não foi... O quê?

George:

...não foi muito gentil.

Marta:

Sua raiva me impressiona! Acho que ela é o que mais gosto em você... Sua raiva! Cara, você é um... banana! Você não tem energia alguma... nenhuma energia... Não tem o quê, mesmo...?!

George: ...coragem...?

Marta:

Descarado!

(Pausa. Em seguida, ambos riem.)

Me dê mais um pouco de gelo. Você jamais põe gelo no meu copo... Por que será, hein?

George (pega o copo dela)*:*

Eu sempre ponho gelo no seu copo. É que você mastiga o gelo... Como um *cocker spaniel* faz com seu osso. Qualquer dia desses vai quebrar os dentes.

Marta:

Os dentes são meus, afinal!

George:

Não todos... Todos não!

Marta:

Tenho mais dentes que você.

George:

Dois a mais.

Marta:

Dois a mais é muito dente!

George:

Talvez. Até mesmo com certeza, levando-se em conta sua idade.

Marta:

Pare com isso. Não comece não!

(Pausa)

Você também já não é tão jovem assim.

George (imitando um jovem)*:*

Sou seis anos mais jovem do que você...

Sempre fui...

(prossegue, cantando): ...e o serei para se-e--empre, para se-e-e-e-e-empre!"

Marta (mal-humorada)*:*

É, mas você está ficando careca.

George:
Você também.
(Pausa. Ambos riem.)

Nenhum dos dois quer ficar por baixo, ainda que as comparações se tornem cada vez mais ridículas. Isso é típico de um casal contencioso. O lado bom, no entanto, é que a disputa se desfaz em riso compartilhado. O humor produz distanciamento da querela e novamente une ambos em sentimentos mais positivos.

Disputa conjugal olímpica

Hera, conhecida como a deusa do matrimônio. Ciumenta, vingativa e irascível, era esposa de Zeus. Este, em contrapartida, é considerado o poderoso pai dos deuses, superior a todos eles, a quem devem obediência. Zeus é errante, insaciável na busca de aventuras amorosas; ninguém está seguro diante dele, nem mulheres, nem homens. Conta-se também que a razão por que Hera seria tão ciumenta é que Zeus a traía constantemente. E assim, embora de modo simplificado e um tanto distorcido como os conhecemos, eles se tornaram o modelo de muitos casamentos: ela, a esposa rabugenta ao fogão, ciumenta e mal-humorada; ele, o homem erradio, poderoso.

Mas a questão não é tão simples assim. A *Ilíada* nos transmitiu que os dois, nos tempos do Olimpo, estavam constantemente em disputa. Aliás, em toda a *Ilíada* – que narra a guerra entre os troianos e os aqueus, na qual Zeus apoia os troianos e Hera os aqueus – aparece a luta de ambos pelo poder. Nela[42] são descritas cenas da vida matrimonial de Zeus e Hera:

> Certa vez Tétis, mãe de Aquiles, foi até Zeus e lhe implorou para que, como pai dos deuses, fortalecesse os troianos até que os aqueus, cujo herói era Aquiles, tivessem venerado suficientemente seu filho. Zeus ficou indignado com a pretensão dela e disse-lhe que Hera já o repreendia e o difamava diante dos deuses, acusando-o de ajudar os troianos. Disse-lhe para ir embora antes que Hera percebesse que ela estivera ali, e que deveria deixar a critério dele como lidar com a questão.
>
> Hera percebeu que Zeus havia falado com Tétis, fazendo uma série de acusações contra ele:
>
> – Sempre te é caro manteres afastado de mim, judiciando coisas pensadas em segredo! E nunca tu ousaste declarar-me o que tens em pensamento.
>
> O pai dos homens e dos deuses lhe respondeu:
>
> – Hera, não penses conhecer todas as minhas palavras. Elas te seriam difíceis, embora sejas minha esposa. Sobre aquilo que decido pensar, afastado dos deuses, não faças perguntas nem de modo algum procures saber.
>
> Indignada, Hera replicou:
>
> – Crônida terribilíssimo, que palavra foste dizer? Nunca tive o hábito de perguntar ou

42. HOMERO. *Ilíada*. São Paulo: Companhia das Letras, 2003.

inquirir. Sempre podes planejar o que bem desejas!

Hera ainda lhe disse que tinha receio de que Tétis o tivesse persuadido.

Zeus exclamou:

– Deusa surpreendente! Sempre imaginas coisas; nunca as escondo de ti. Porém, nada conseguirás alcançar, e do meu coração ficarás ainda mais longe. E isso será o pior para ti. Senta-te em silêncio e ouve as minhas palavras.

Hefesto, filho de Hera, interveio na briga conjugal, que poderia perfeitamente se passar entre os mortais:

– Que coisa triste e insuportável ficáreis vos agredindo por causa dos mortais, lançando conflito entre os deuses! Não há prazer no belo festim, pois prevalece o que há de pior. À minha mãe dou este conselho: tu sabes o que agrada a Zeus, pai amado. Não o censure, agitando o nosso banquete.

Zeus não perdeu a oportunidade de magoar Hera. Novamente sentados no Olimpo, de cima olharam para Troia. Crônida procurou magoar o coração de Hera com palavras de escárnio.

Na concepção do Olimpo, por trás de cada herói está um deus que o auxilia na batalha. Nesse sentido, Zeus afirmou que Hera e Atena certamente estariam ao lado de Menelau; porém, elas não venceram, e sim o próprio Menelau, o herói guerreiro. Hera e Atena ficaram muito magoadas e cogitaram o mal contra os troianos porque Zeus queria lhes dar a vitória. Hera estava muito furiosa e não queria ter maquinado em vão o aniquilamento dos troianos. E ambos admitiram seu prazer em destruir as cidades um do outro.

Por fim, Hera disse a Zeus, mais ou menos assim:

– Faze, porém, o que quiseres, pois não posso competir contigo. De nada me serve o ressentimento, uma vez que és mais forte. Todavia é lícito que o meu esforço não fique em vão, pois eu também sou uma deusa, nascida de onde tu nasceste.

Mais uma vez Hera é derrotada ao se rivalizar com Zeus, mas lembra-lhe que também é uma deusa e tem sua dignidade.

No geral, porém, ela se deu por resignada. Apareceu solitária no Olimpo e os deuses ali presentes lhe perguntam pelo motivo de sua preocupação. Todos suspeitavam que Zeus tivesse aprontado novamente com ela. Hera, no entanto, disse aos que estavam reunidos:

- Estultos, em nossa insanidade nos iramos contra Zeus! Na verdade, queremos aproximar-nos dele para o restringirmos, por palavra ou por ato! Mas ele senta-se à parte, sem se incomodar. Ele sempre declara que entre os deuses imortais, por seu poder e pela sua força, é seguramente o melhor de todos.

Hera nem sempre é tão resignada. Às vezes recorria à astúcia a fim de, pelo menos, causar sérios problemas a Zeus, já que não conseguia vencê-lo. Quando, mais uma vez de cima do Olimpo, olhou para baixo e constatou que Zeus estava novamente ajudando os troianos, decidiu seduzi-lo. Ela se ungiu, enfeitou-se e julgando suficientemente bela, dirigiu-se a Afrodite, filha de Zeus, e lhe pediu: "Dá-me o feitiço do amor e da saudade". Com isso ela queria ir até seus pais, Oceano e Tétis. – Há muito tempo eles estavam afastados da cama e do amor, pois a raiva havia entrado em seu coração. Afrodite desatou do peito a cinta do amor – esta despertava irresistível amor em todas as pessoas e deuses.

Em seguida Hera foi apressadamente à procura do Sono e pediu-lhe para que adormecesse Zeus depois que ela o tivesse abraçado. Sono é bastante cético, tem medo de Zeus, que troveja nas alturas, e pensou no quanto todos eles já haviam sido punidos quando acorrentaram Zeus porque não suportavam mais a sua arrogância. Contudo, quando Hera, como agradecimento, prometeu-lhe uma das jovens Graça, Sono se prontificou a fazer o que ela lhe pediu.

Então, era se dirigiu ao Monte Ida, onde Sono já estava no topo de um pinheiro. Zeus vislumbrou Hera no alto da montanha, apoderando-se dele um grande desejo por ela, comparável somente ao desejo de seu primeiro encontro, que eles ainda ocultavam de seus pais. Hera, no entanto, disse-lhe friamente

> que estava a caminho da casa de seus pais, a fim de influenciá-los, mais uma vez, que partilhassem o leito nupcial. No entanto, Zeus continuou a cortejá-la, dizendo-lhe:
> – Hera, poderás ir mais tarde. Voltemo-nos agora para o prazer do amor.
> Zeus tomou a esposa nos braços, e embaixo deles brotou simultaneamente erva verde. Ambos adormeceram.

O que aqui é descrito como ardil de Hera – quem menos pode fazer uso da violência precisa sempre de um ardil – também é a descrição das núpcias sagradas de ambos, que garantem a fecundidade da terra. Zeus, ficando furioso ao perceber que fora enganado, advertiu Hera. Ele já a havia pendurado no céu com duas bigornas nos pés e pulseiras de ouro nos pulsos. E quem a quisesse ajudar era lançado fora.

Não há necessidade de apresentar nenhum outro fato para evidenciar que entre Zeus e Hera havia um relacionamento no qual dominavam poder, rivalidade, represália e vingança, seja por meio de força bruta, seja de astúcia. Entretanto, por que eles têm esse tipo de relacionamento? Em relação a Hera, tivemos a impressão de que se sentia menosprezada, e por isso sempre lembrava Zeus que também era uma deusa. Precisamos levar em conta que há, de um lado, uma Hera cretense e um Zeus cretense e, de outro, uma Hera olímpica e um Zeus olímpico. O que até agora temos considerado é a versão do mito de Zeus e Hera na época do Zeus olímpico, no qual Zeus é considerado pai dos deuses e dos seres humanos, como deus do tempo atmosférico, que recorre ao raio como arma e usa-o como expressão de seu poder. Em Creta, no período pré-olímpico, minoico – quando, com alguma certeza, predominava uma forma de sociedade matriarcal[43] –, Zeus, ao contrário, era um deus mortal que, a cada ano, era regenerado na Caverna de Psicro por Reia – uma variante da mãe-terra Gaia – como irmão de Hera, oculto de seu pai Cronos, que engolia seus filhos. Daquele período provém uma história de casamento na qual Hera – como posteriormente no Olimpo – seduz Zeus para as núpcias sagradas, segundo o modelo da grande deusa-mãe e deusa do amor e seu filho-amante. No período cretense, Hera não era a deusa insípida, ciumenta, conforme nos foi transmitido do período olímpico. Embora, na condição de deusa das mulheres[44], não conseguia, de maneira alguma, entusiasmá-las.

No período cretense, Hera era uma das grandes mães-terra, que aparece em três aspectos: primeiramente, como deusa da montanha e dos animais selvagens, semelhante à Ártemis olímpica; em seguida, como deusa das ninfas, em cuja forma celebra as núpcias sagradas com o Zeus cretense sobre a Montanha Ida; finalmente, como deusa da morte, a quem também os oráculos estão subordinados e com a qual está ligada a serpente Píton, considerada símbolo do espírito protetor e curador das forças subterrâneas. – No período do Olimpo,

43. Cf. GÖTTNER-ABENDROTH, H. *Die Göttin und ihr Heros...* Op. cit., p. 33.

44. Cf. *Lexikon der Antike in fünf Bänden – Vol. 2: Der kleine Pauly*. Munique, 1979, p. 1.028ss.

dizia-se que Hera gerou a serpente Píton por vingança, pelo fato de Zeus ter gerado Atena a partir de sua cabeça.

Na Creta minoica – destruída por volta de 1400 a.C. por uma irrupção vulcânica – Hera era considerada deusa da agricultura, mas também da tecelagem, da culinária e da medicina. Era a deusa dominante da Grécia pré-helênica[45].

Outra história desse matrimônio mostra como Zeus se submeteu a Hera. Se ele realmente queria ter o domínio sobre os deuses, precisava dominar. Quando Zeus havia vencido o pai Cronos, cortejou Hera. Ela o rejeitou, mas ele se aproximou dela na forma de um cuco despenteado, fazendo chover. Hera acolheu piedosamente o cuco em seu peito, a fim de aquecê-lo. Então o cuco-Zeus se transformou novamente no Zeus pai dos deuses e quis violentá-la. Ela cedeu sob a condição de que eles se casassem. "O casamento forçado de Hera com Zeus simboliza a conquista de Creta e da Grécia Micênica – ou seja, cretense –, como também o domínio dele em ambos os países"[46].

Assim, foi consumada a transição do matriarcado pré-olímpico para o patriarcado do período olímpico. Zeus assumiu o machado duplo que, em Creta, pertencia a Hera. Assim, pode-se compreender a motivação das discussões posteriores de ambos: Hera queria reaver a sua antiga importância; Zeus, em contrapartida, queria, a todo custo,

---

45. Cf. RANKE-GRAVES, R. *Griechische Mythologie...* Op. cit., p. 42. • GÖTTNER-ABENDROTH, H. *Die Göttin und ihr Heros...* Op. cit., p. 41-45.

46. RANKE-GRAVES, R. *Griechische Mythologie...* Op. cit., p. 42.

afirmar a sua soberania. Isso fica evidenciado no fato de que ele também assumiu todas as capacidades atribuídas às deusas-mãe, e que as caracterizavam. Então ele gera filhos – de sua cabeça e de suas pernas. Aqui deveria estar a razão mais profunda para a disputa permanente entre Zeus e Hera: no confronto entre o persistente matriarcado e o patriarcado incipiente. No processo, Hera foi tão desvalorizada, que devia vingar-se. A afirmação de que Hera era tão desagradável somente por causa dos ciúmes, como sempre nos quiseram fazer crer, dificilmente se sustenta: no mito ela é considerada principalmente como esposa de Zeus, não para ser mãe dos filhos dele, pois para isso ele tem outras consortes. Praticamente não se pode afirmar que a infidelidade de Zeus seja o único motivo para os ciúmes dela. A própria Hera também pode ter filhos, independentemente de Zeus. Assim, seria possível compreender a disputa entre eles como uma problemática de transição.

O modelo Zeus-Hera manteve-se conservado ao longo do tempo, e a mitologia grega poderia ser indiferente para nós se não tivesse influenciado tanto o nosso pensamento, principalmente na forma da mitologia posterior, a da época olímpica.

Conhecemos conflitos semelhantes ao de Zeus e Hera também em nossa psique e em nossa vida cotidiana. Quando, por exemplo, uma corrente antiga e uma nova são igualmente fortes, quando o novo precisa se impor, mas o antigo não quer desaparecer, o novo deve ser ainda mais forte para se destacar. Tais situações, que se expressam mediante fortes tensões, são, no entanto, transitórias.

Possibilidades de desenvolvimento de um casal contencioso

Estranhamente, Zeus e Hera permanecem sempre juntos, posto que não se possa falar propriamente de amor entre eles. Na maioria das vezes, mesmo os casais contenciosos permanecem juntos. O casal cuja "entrevista" esbocei brevemente no início deste capítulo buscou a terapia porque ambos os parceiros não podiam se separar, mas achavam penosa a vida um com o outro. Os filhos também começaram a brigar entre si, exatamente como haviam aprendido dos pais, embora estes achassem isso insuportável. Os filhos igualmente consideravam intragáveis as discussões dos pais. Tal como fizera Hefesto a Zeus e Hera, eles admoestavam seus pais ao bom-senso. Além disso, ambos apresentavam problemas sexuais: às vezes ele sofria de ejaculação precoce e ela era temporariamente anorgástica. Considerando que viviam em um casamento litigioso, os problemas sexuais podem ser vistos sob o aspecto da punição recíproca.

Entre eles havia um acordo para contar todas as particularidades ao outro, e por isso conversavam durante horas a respeito de suas intimidades. Também lhes era facultado ter relacionamento fora do casamento. Neste aspecto, todo parceiro do outro era imediatamente desvalorizado. Ambos reagiam fortemente com ciúmes, mas estavam pouco dispostos a se colocar no lugar do parceiro quando ele mostrava esse sentimento. O controle de mútuo era enorme.

Devido a um engarrafamento de trânsito, a esposa não estava presente no horário agendado de uma sessão. Apenas ele compareceu. Embora eu estivesse consciente de que teria grandes dificuldades se a sessão fosse feita somente com um deles, tinha a curiosidade de saber como o marido se comportava sem a presença da esposa. E assim, minha curiosidade me levou a dar início à terapia somente com ele. – Para a minha surpresa, quando ela chegou, tratou o fato com naturalidade.

Se, acompanhado da esposa, ele se mostrava um tanto "inflacionado", exacerbando-se, quando estava sozinho dava a impressão de estar deprimido, afundado. Queixava-se de que sua esposa podia muito mais facilmente ter relacionamentos com outras pessoas do que ele. Suspeitava até mesmo de relacionamentos amorosos dela não revelados; ainda que mantivessem o acordo de tudo contar um ao outro, ele realmente não acreditava que ela o fizesse. Aquele homem manifestou que sempre tinha má consciência quando entrava em outro relacionamento; mas se a esposa tinha relacionamento extraconjugal, ele também deveria ter o seu. Triste, abatido, manifestou sua impossibilidade de ficar em desvantagem em relação à esposa. Tornou-se evidente o quanto de energia ele desperdiçava para a manutenção desse "Como me fizeste, assim te farei". Porém, acreditava que isso era um destino a ser cumprido.

Indaguei de ambos a respeito de suas fantasias de relacionamento. Ele disse:

> Em relação às outras mulheres, tenho belas fantasias em torno do que poderiam fazer comigo e eu com elas. Em relação à minha esposa, fantasio tudo o que poderia fazer comigo para me humilhar. Se ela não olha para mim quando eu gostaria de ser visto, fantasio como poderia puni-la por isso. Por exemplo, contando-lhe algo com voz entediada.

Ela:

> Antigamente tive fantasias sexuais com ele, quando me parecia um jovem deus. Agora, apenas penso: "Que tipo de jogo ele estaria inventando agora?" Fantasio que ele poderia começar um relacionamento com uma mulher que eu não suporto, e ele também não, pois temos o mesmo gosto. Desse modo, ele poderia atingir-me. Também me atingiria se falasse sobre nosso relacionamento com pessoas de quem não gosto. Percebi tarde demais que não posso lhe mostrar em que ponto ele pode me atingir.

As fantasias relacionais de ambos se movem preponderantemente no âmbito Zeus-Hera. O homem fala que tem belas fantasias com outras mulheres, mas não as revela. Na observação final dela, diz que jamais deveria ter lhe mostrado em que é vulnerável. Isso mostra a tragédia de um matrimônio radicalmente baseado na força: a nenhum dos dois é permitido ser emocionalmente franco; nenhum deles pode mostrar fraquezas, porque estas seriam exploradas. Cada um deve, portanto, reprimir suas fragilidades, mas com isso também muitas experiências e expressões emocionais.

Em lugar do amor entraram o exercício do poder e do controle; em vez de valorizar o amor, ele foi desvalorizado. Contudo, este casal se sente muito próximo um do outro, e à pergunta sobre uma possível fantasia de divórcio, ambos dizem que, já falaram constantemente a respeito; porém não desejavam a separação.

Eles alcançam proximidade recíproca mediante a disputa, por meio da luta pelo poder. O litígio é sua possibilidade de alcançar a maior proximidade possível no maior distanciamento possível um do outro. Proximidade e distanciamento são vivíveis concomitantemente. Também mediante o conflito pode-se alcançar uma sensação de superar o fato de estarem separados um do outro, ainda que seja de forma penosa.

A mulher trouxe um primeiro sonho para a terapia:

> Em um tribunal, uma juíza e um juiz debatiam entre si. O debate era muito interessante e tinha regras que, à exceção de ambos, ninguém entendia. Na sala do tribunal havia muitos bebês que gritavam e provavelmente tinham fome, mas ninguém lhes dava atenção. Eles gritavam tão alto, que mal se conseguia ouvir os juízes. Eu assistia tudo de uma galeria e ponderei se deveria ir até os bebês. Afinal, eles precisavam de alguém.

A mulher não sabia o que fazer com o sonho. O tribunal nada significava para ela; porém, tinha sentimentos por esses bebês. Segundo ela, os bebês estariam em lugar errado, precisavam ser amparados e alimentados.

Incentivei-a a considerar aqueles bebês como novas possibilidades de vida nela mesma[47], que precisavam ser amparadas e nutridas no relacionamento deles, em vez de tudo transcorrer segundo o modelo de "Quem tem razão" (tribunal).

Esse sonho também mostra que os dois juízes debatedores correspondem a possibilidades de vivências e de transformações no casal, mas os bebês gritam em primeiro plano. Aí está contida uma crítica dirigida a mim quando ela diz que ninguém compreende as regras desse debate, a não ser os dois debatedores. Caso eu quisesse ou devesse compreender a partir daquela situação, ela teria me atingido. Não me manifestei em relação a isso, apenas retomei o aspecto dos bebês.

Em relação aos bebês ela disse, com um pequeno lampejo nos olhos, que às vezes gostaria de ser tratada como um deles. Porém, se o seu marido não queria, ela não deveria ceder a tais pretensões femininas. Embora o sonho mostrasse uma possível abertura, a situação permaneceu tal como antes: bloqueada.

Naturalmente alguém se perguntará por que um casal se relaciona com esse exacerbado nível de poder. No início do

---

47. Reporto-me à interpretação dos símbolos no nível do sujeito segundo C.G. Jung. Cf.. KAST, V. *Träume – Die geheimnisvolle Sprache des Unbewussten*. Düsseldorf, 2006/2019, p. 75ss.

relacionamento – é consenso entre eles –, ambos se descrevem como um casal extraordinariamente carinhoso, no qual praticamente nunca houve diferenças, uma vez que os dois sempre quiseram a mesma coisa e se amaram tanto...

As dificuldades começaram com o casamento, quando passaram a ter um apartamento em comum. Na descrição do período de noivado, evidencia-se que ambos tinham uma fantasia relacional muito romantizada, provavelmente também tenham ignorado os conflitos, sendo evidente que havia grande harmonia entre eles. Enquanto não estavam vivendo juntos, proporcionavam-se sempre o distanciamento. Sem constrangimento, podiam permitir-se bastante proximidade, visto que esta só era permitida temporariamente.

Esse conluio de poder que se rivaliza pode ser compreendido – conforme já foi mencionado – a partir do fato de que ambos buscam e também podem conseguir a máxima proximidade possível junto ao máximo distanciamento possível. O pano de fundo familiar de ambos pode expandir um pouco mais esta explicação e também lançar uma luz sobre como tal constelação Zeus-Hera pode surgir e atuar intrapsiquicamente.

Ambos provêm de famílias nas quais as mulheres eram fortes e constituíam maioria. Na família da mulher havia um conluio Zeus-Hera, visto que uma mãe forte rivalizava constantemente com o pai, que também se comportava energicamente. Eles sempre se insultavam mutuamente, mas tão logo um deles sofresse um insulto vindo de fora, mantinham-se unidos. As crianças aprenderam que, ao serem agredidas pelos pais, deveriam fazer de conta que estavam em harmonia. A mulher, portanto, vivenciou na família de origem o comportamento Zeus-Hera. A psicanalisanda achava bom que sua mãe fosse uma mulher forte, que não se humilhava continuamente; mas a considerava pouco feminina. Ela sentia que também deveria ser uma mulher forte; porém, ao mesmo tempo, exigia de si que fosse uma mulher "de verdade", sem negar sua força. "De verdade", neste caso, significava ter tudo o que constituía o estereótipo de papel vigente: ser meiga, suave, impressionável, e assim por diante. Ela vivia estes desejos e possibilidades de vida em tensão com sua força, que, inicialmente, via apenas como algo masculino.

O homem era oriundo de uma família na qual a mãe e a avó eram responsáveis pelo ganha-pão para que o pai, um artista que nunca alcançou grande sucesso, pudesse dedicar-se à arte. O homem considerava agradáveis as duas mulheres e também suas irmãs. Sua mãe era atenciosa e afetuosa, porém exigia que ele se tornasse um homem "de verdade".

Ambos os parceiros trazem em si tanto fortes porções femininas quanto fortes porções masculinas, e se não tivessem exigido de si próprios que ele deveria ser absolutamente um homem viril e ela uma mulher completamente feminina – o que eles sempre haviam equiparado com o estereótipo de papéis correntes –, então provavelmente teriam podido viver, desde o começo, um relacionamento muito rico. Ela foi ainda menos capaz do que ele de corresponder a essa exigência pessoal, pois devia ser "feminina" e, ao mesmo tempo, muito forte. Desse modo, ela estava muito em desacordo consigo mesma e via a razão disso principalmente no marido, a quem responsabilizava pelo fato de não poder viver suas necessidades de ternura.

Quando a porção masculina e a feminina são igualmente fortes em uma pessoa, mas por qualquer razão, apenas uma delas pode ser vivida, a outra porção produz um conflito intrapsíquico, e daí resultam agressão, desvalorização e comportamento de dominação.

A fase litigiosa teria sido e permanecido transitória se os dois tivessem compreendido seu jogo e cada um, por si, tivesse intuído quanta necessidade de "feminino" e quanta de "masculino" cada um tinha, e se as tivessem admitido para si. Neste processo, a fase litigiosa poderia ter sido bastante fecunda para o autoconhecimento em conexão com um parceiro. Igualmente teria sido uma fase de transição se a "dominância" em ambos não tivesse estado em primeiro plano: da parte dele, porque um "autêntico" homem deve sempre honrar as calças que veste; da parte dela, porque não estava disposta a desempenhar um papel subalterno e porque, a partir de sua estrutura psíquica, também não era apta para isso. Uma vez que os dois tinham basicamente o mesmo problema – ou seja, não poder mostrar o lado meigo, maleável – e viam no parceiro apenas a vontade de dominar o outro, estabilizaram-se em sua conduta contenciosa.

Não fizemos nenhum progresso, e, a certa altura, pedi que ambos criassem a fantasia relacional de um bom casamento.

> *Ele:*
> Vejo-me deitado com uma mulher jovem, meiga, dócil, em um prado primaveril. Dela recebo algo bom para comer, posso também mimá-la; simplesmente nos deleitamos e somos amáveis um para com o outro. Vejo-me como um homem mais velho, confiante, que está acima das coisas, que por essa razão também pode decidir e ser admirado.

> *Ela:*
> Estou subindo um monte com um homem jovem e interessante. Pelo caminho, sentamo-nos sob uma saliência rochosa porque cai uma tempestade. Amamo-nos e alegramo-nos por não estarmos sozinhos. Gostaria de ser totalmente dedicada, não precisar sempre me defender.

Nestas imagens de um bom casamento já se expressam novas fantasias de relacionamento que podem trazer consigo uma mudança. No caso, ele busca realizar o modelo *homem mais velho/mulher jovem*, um modelo que conhecemos de Zeus quando este, por exemplo, junta-se às ninfas. É o padrão *pai-filha*, tal como nos é conhecido também de Simão Mago e Helena, Merlin e Viviane, Fausto e Helena, mas também de Hatem e Zuleica em *Divã ocidento-oriental.* É uma fantasia de relacionamento na qual o homem mais velho se vê como aquele que, apaixonado, entrega, mais uma vez, toda sua experiência de vida – no caso de Zeus, todo o seu poder – a uma mulher, e em troca recebe dela a juventude, a admiração e a vivacidade. No entanto, como fantasia relacional com um parceiro, o relacionamento pai-filha é que toma forma aqui, juntamente com o aspecto da renovação que aqui também se expressa. Essa constelação proporciona ao homem a sensação de ser mais uma vez jovem, de enganar a morte, precisamente também porque, com a jovem parceira, sempre se lhe torna claro que ele já não é jovem. Essa constelação, porém, também inclui um desnível entre homem e mulher. No entanto, é compreensível que o homem mais velho assuma o comando, porque ele, afinal, conhece a vida. Com o papel de filha, porém, a autonomia da mulher diminui. Este modelo de relacionamento também se apresenta no nível do poder; este é mantido pelo homem, mas ao mesmo tempo, o amor se torna possível.

Parece que havíamos encontrado uma saída para o dilema do casal contencioso. Contudo, essa saída se encontrava apenas na fantasia, não se concretizando em uma passagem.

A fantasia de relação da mulher mostra que ela também busca uma saída; ela vê-se com um homem jovem e interessante. Em resposta à pergunta de como via a si mesma nessa imaginação, ela disse: "Maternal, mas bela e muito sedutora. Em todo caso, eu dou o tom, digo o que queremos fazer". Sua fantasia de relacionamento corresponde ao modelo de relacionamento das grandes deusas com seu filho-amante, à semelhança de *Ishtar-Tamuz.* O modelo de relacionamento *mãe-filho* do período matriarcal da humanidade é ativado na mulher.

Ao mesmo tempo, evidenciou-se que, para ela, o relacionamento era algo mais emocionante do que para o marido. Ela quer subir uma montanha; ou seja, empreender um esforço. Ao mesmo tempo, ter uma visão geral a partir de um ponto de vista elevado; contudo, permite também que caia uma tempestade, de modo que a caverna possa ser vivida particularmente como protetora e salvadora – em atmosfera mais crepitante. A propósito, em sua fantasia seria possível ver a saliência rochosa como a caverna de Zeus em Creta, onde o jovem deus sempre é regenerado. Também nesse ponto tornam-se visíveis as estruturas matriarcais.

A despeito dessas fantasias, os dois continuaram a litigar como Zeus e Hera, a humilhar-se mutuamente e a buscar ser vitoriosos sobre o outro. Nesse sentido, veio a propósito uma frase pronunciada por ele: "Em uma época em que os valores se tornaram tão incertos, vencer é, pelo menos, um valor evidente".

Tentei levar os dois a se escutarem mutuamente, treinei-os a permutar mensagens, a revelar um ao outro seus sentimentos, e não apenas censurar e listar defeitos do parceiro. Também os estimulei a criar fantasias relacionais. Porém, durante muito tempo aconteceu muito pouco.

Deixando de lado a penúria do nosso casal contencioso, passo a dedicar a atenção ao casal *homem velho/mulher jovem*, um casal que no presente é encontrado com frequência e que, amiúde, também é objeto de nossas fantasias de relacionamento.

6
Merlin e Viviane: o velho sábio e a mulher jovem

Aurora: pintas rosete
dos picos o paredão,
e de novo sentem Hatem
ar vernal, quente verão
Hatem

Te perdes? Não, nada disso!
Amor ao amor dá força.
Podes decorar meu viço
com paixão que reforça
Zuleica

O feitiço de Merlin na sebe viva de espinheiro

Merlin e Viviane, descritos pela poesia épica medieval, são um casal que vive explicitamente o modelo relacional *homem velho/mulher jovem*, e sobre cujo relacionamento estamos bastante bem-informados. Esse casal tem uma particularidade especial, visto que Viviane, no fim da história, é livre, ao passo que Merlin é enfeitiçado, bem ao contrário de Zeus, por exemplo, que após cada relacionamento com suas ninfas, simplesmente as deixava entregues a seu próprio destino. Desse modo, porém, torna-se visível um aspecto do modelo relacional *homem velho/mulher jovem*, o qual me parece muito importante para que não vejamos esta fantasia de relacionamento simplesmente da perspectiva de que a jovem senhora sempre seria diminuída – ela até pode ser diminuída, mas justamente nesse relacionamento ela também pode dar um passo importante rumo à autonomia.

Mas nesta história existe ainda outra circunstância: hoje experimentamos um certo renascimento de Merlin, evidenciado pela publicação de livro e encenação de peças teatrais sobre ele[48]. Há alguns anos, um gênero de filmes e de literatura está em crescente popularidade: a literatura de fantasia, na qual Merlin desempenha importante papel. Se Merlin emerge novamente em nossa fantasia, então isso provavelmente significa que nos falta algo dele. Merlin, no entanto, precisamente por causa do relacionamento com Viviane, retirara-se do mundo. Talvez a reflexão sobre a história de ambos também nos indique que algo de Merlin – não simplesmente como reedição do antigo Merlin – possa ser compartilhado entre nós. Gostaria de não perder de vista esta questão ao abordar esse relacionamento e a correspondente fantasia relacional.

Em *Porträt eines Zauberers* [Retrato de um mago], de Frederik Hetmman, descrevem-se de modo impressionante o feitiço de Merlin e a liberdade de Viviane. Ele narra:

---

48. Cf. DORST, T. *Merlin oder Das wüste Land*. Frankfurt a. M., 1981.

Na floresta de Broceliande, o antiquíssimo e extratemporal Merlin encontra a jovem Niniane [= Viviane]. Com um galho ele traça um círculo mágico ao redor de si e da amada. A música ressoa, surgem os dançarinos. As flores e a erva são mais fortemente fragrantes. O sol ergue-se mais alto no céu. Cresceu uma sebe viva e oculta os amantes dos olhares curiosos do mundo. Encanto do jogo, encanto do amor. Jogo amoroso. Niniane exige que o amante primordial revele a fórmula que provoca tal encantamento. Merlin, cheio de expectativa quanto à dedicação dela, concede o pedido. É uma troca, mas não um comércio. A ele, cabe a juventude dela; a ela, a sabedoria da idade avançada dele. Depois que dormiram juntos, Merlin reclina a cabeça sobre o colo da amada. As pontas dos dedos decalcam as curvaturas de suas bochechas, de seus lábios, de seus peitos. Assim se confundem realidade e sonho. Eis que ela se levanta, murmura por nove vezes a palavra mágica. Agora o feitiço é irreversível. Ela senta-se novamente, deita a cabeça do sonhador sobre sua coxa. Merlin desperta-se. Para ele, é como se estivesse deitado em uma cama, em uma torre alta. Em seguida, compreendeu o que se passara. Diz a Niniane: "Tu me enganaste, se agora não permaneces sempre comigo; pois ninguém, senão tu, pode tirar-me desta torre". "Meu carinhoso amigo [respondeu ela], eu me deitarei muitas vezes em teus braços". E a jovem man-

> teve sua promessa. Passam-se apenas poucos dias e noites sem que ela não esteja com ele. Merlin não pode se mover do lugar. Ela, porém, vai e vem conforme lhe agrada[49].

Na Idade Média, o espinheiro que forma a sebe viva era considerado como símbolo da precaução – a cautela de que se necessita para colher de um espinheiro –, mas também é visto como símbolo da esperança[50]. Assim, vamos nos aproximar cuidadosamente do arbusto de espinheiro-branco, desejando que, assim fazendo, não percamos a esperança.

Robert de Boron[51] narra esse encantamento de maneira mais ampla, mais colorida; tirados de sua história, apresentarei alguns complementos que considero importantes para compreender este casal.

Segundo Boron, Viviane é filha de um vassalo chamado Dyonas, em cuja casa a deusa da floresta, Diana, entrava e saía com frequência. Diana era aquela que havia prometido a seu afilhado Dyonas que seu primeiro filho deveria ser uma mulher, e esta, após a morte de Diana, deveria ser tão cobiçada pelo homem mais sábio do mundo que, "na época de Uther-Pendragon, ela chegaria a ter grande prestígio". Assim aconteceu, conforme dissera Diana: Dyonas gerou uma filha que recebeu o nome de Viviane.

---

49. Apud WHITE, T.H. *Das Buch Merlin – Mit dem Porträt eines Zauberers*. Colônia, 1980, p. xv.

50. Cf. *Herder-Lexikon Symbole*. Friburgo i. Br., 1978 [Com mais de 1 mil palavras-chave, além de 450 ilustrações].

51. BORON, R. *Merlin – Der Künder des Graals*. Stuttgart, 1980, p. 175-185.

Consoante à narrativa de Boron, Merlin e a juveníssima Viviane encontram-se em uma fonte "que se expande em um belo e límpido lago". Viviane brinca ali com frequência. No primeiro encontro com ela, Merlin assumiu a forma de um belo jovem fidalgo. Conta-lhe que ele "poderia fazer surgir no mesmo instante" um castelo, que poderia caminhar sobre as águas sem molhar os pés e fazer jorrar um rio onde até então não houvera nenhum. Viviane gostaria de aprender também essas brincadeiras; como retribuição, ela prometeu se tornar sua confidente e amiga durante todos os dias de sua vida. Merlin ficou radiante com isso. Viviane, porém, acautelou-se. Merlin enfeitiça, mas ela quer aprender a enfeitiçar antes de "dar-lhe uma garantia de seu amor". Depois de tê-lo ouvido dizer que conhece grande parte das coisas futuras, que, portanto, pode prever, ela fica muito contente e considera que, com tais habilidades, seria possível viver bastante bem.

Mais uma vez Merlin deixa Viviane, vai ter com seu mestre Blasius e despede-se do Rei Arthur. Diz a Blasius que esta seria a sua última visita porque iria viver com Viviane e já não terá nenhum poder de abandoná-la ou de ir e vir, segundo sua própria vontade. "Tão enfeitiçado estou por seu amor."

Ele vai ter com Viviane e ela indaga-o o tempo todo a respeito de suas habilidades; ele, "que foi considerado um mago para sempre – Ainda hoje permanece com essa fama" – ensina-lhe tudo, sendo que ela "conservou na memória e pôs por escrito".

Viviane pondera o que mais ainda poderia aprender com ele. Sua necessidade é acorrentá-lo para sempre. "Eu vos peço, por favor, ensinai-me de que maneira posso trancafiar um homem sem torre e sem muros e sem ferros, por meio de feitiço, de modo que ele jamais saia a não ser mediante minha vontade. Quando Merlin ouviu estas palavras, baixou a cabeça e começou a suspirar do fundo do coração". Confessou-lhe que estava tão acorrentado pelo amor dela, que deveria fazer-lhe a vontade. Ela, no entanto, explicou-lhe que o grande amor por ele a preenchia plenamente, e que todo o seu pensamento, desejo e ânsia dependiam dele. "Visto que vos amo e me amais, não é justo que façais minha vontade e eu a vossa"? Merlin agora está também alegremente convencido disso e pergunta a Viviane qual é a sua vontade. "Senhor, quero que me ensineis a criar um lugar belo e encantador, que eu possa trancá-lo tão fortemente com minha arte, que nunca seja arrombado. Ali, estaremos juntos, eu e vós, sempre que nos aprouver, em alegria e deleite". Merlin queria fazer aparecer magicamente este lugar. Contudo, diz ela: "Senhor, de forma alguma quero que *vós* o erijais, mas deveis ensinar-me como *eu* posso fazê-lo: eu o farei de tal maneira que corresponda ao máximo à minha vontade". Merlin concedeu também isso.

Um dia, então, quando passeavam pela floresta, encontram um belo espinheiro-branco completamente coberto de flores. Ali se sentaram, Merlin deitou a cabeça no colo da senhorita, ela acaricia-o ternamente e, em seguida, ele adormeceu. Enquanto ele dormia, Viviane ergueu-se, começou a traçar um círculo ao redor dele e do arbusto, pronunciou suas palavras mágicas, entrou novamente no arbusto, colocou novamente a cabeça dele em seu colo e a segurou até que ele despertasse. Quando ele acordou, "parecia se encontrar na mais bela torre do mundo e deitado no leito mais belo". Disse a Viviane: "Nobre senhora, vós me enganastes se não permaneceis agora comigo, pois ninguém, senão vós, tem o poder de quebrar o feitiço desta torre". Ela prometeu-lhe que estaria frequentemente junto dele, e cumpriu essa promessa. Ele jamais conseguiu sair daquela prisão que Viviane lhe preparou. Ela, porém, vai e vem sempre que quiser.

Como quer que se queira avaliar essa *fuga mundi* de Merlin – e tem sido avaliada de modos muito diversos (p. ex., que ele teria se tornado dependente do eros e da sexualidade e, desse modo, teria perdido seu poder de encantamento) –, ele não está morto; apenas retraído, enfeitiçado na floresta de onde provém. Seu conhecimento e seu poder estão nas mãos de Viviane; portanto, não estão perdidos, mesmo que inicialmente não esteja claro o que ela faz com eles.

Será que, com o retraimento por ele planejado e pré-visto, Merlin quer indicar que ele já não deve ser encontrado no mundo das conquistas exteriores, que já não se interessa pelas guerras de Arthur, que já não se encontra por trás da busca pelo Graal na forma original, mas que agora deve ser encontrado no *amor* e no relacionamento em geral? Ele decide isso por si mesmo, ou lhe é imposto pelos autores das sagas em suas fantasias, que sua atuação agora se torna fundamentalmente diversa ("o antiquíssimo e extratemporal Merlin..."), que ele se renova?

Encontramos algo de Merlin misteriosamente oculto na floresta, metade idílio, metade enredo trágico (como provavelmente todo amor), ligado a Viviane, indissolúvel. Nesta imagem, certamente o conflito dos sexos desempenha um papel: Merlin, o errante e em contínua mudança, é enfeitiçado por uma mulher, e ela agora é livre para vaguear. Por isso, essa conexão também pode ser compreendia como metáfora para "a supressão do domínio de um sexo sobre o outro"[52]. Heide Göttner-Abendroth[53] veria no relacionamento de ambos a forma de relacionamento matriarcal na qual a mulher escolhe para si seu amado, e o homem a ela se submete; embora, depois, realmente predomine o amor.

Para mim, esse lugar na floresta e essa união amorosa entre Merlin e Viviane que enfeitiça ambos ao mesmo tempo, é o lugar onde encontramos os dois e de onde talvez possamos atraí-los novamente para fora. No caso, não se trata unicamente de Merlin, mas dele em sua ligação com Viviane.

Tanto Merlin quanto Viviane pertencem ao *reino da floresta*. Merlin vive na floresta encantada, no "Vale sem retorno"[54]. Essa floresta faz limite com o Além; com isso, provavelmente se exprime que ela confina o que é medonho,

---

52. WHITE, T.H. *Das Buch Merlin...* Op. cit., p. 237.

53. GÖTTNER-ABENDROTH, H. *Die Göttin und ihr Heros...* Op. cit.

54. ZIMMER, H. *Abenteuer und Fahrten der Seele...* Op. cit., p. 190.

aquilo com o qual o ser humano se depara em sua busca pelo caminho na escuridão da floresta. A floresta protege e esconde a vida, o alimento, os animais, os mistérios do crescimento da natureza; o ser humano, porém, deve penetrar nela para descobrir tudo isso. E, assim, a floresta se tornou o símbolo daqueles aspectos de nossa alma que delimitamos em nossa vida cotidiana, nos quais predomina um crescimento selvagem, nosso lado animal se diverte ou se dilacera, que é um tanto escuro – nem tudo é claramente perceptível –, vivo e também ameaçador. É um mundo do retorno, do que nos reanima ou que nos amedronta. O retorno frequentemente tem o caráter de iniciação, na qual a transição de uma fase de nossa vida para outra é suportada, padecida e consumada.

Frequentemente experimentamos em nós a floresta quando já não sabemos o que fazer e nos abandonamos às nossas fantasias; já não as controlamos, quando realmente nos entregamos ao que elas nos oferecem em imagens; quando percebemos nossas emoções, nossos instintos, os impulsos que nos arrastam. Falamos, então, muitas vezes de caos, e não pensamos que sempre chamamos de caos onde não conseguimos enxergar nenhuma ordem. Emoções, impulsos, porém, possuem perfeitamente uma ordem, mas uma organização que lhes está em conformidade, assim como a floresta, que prolifera selvagemente, tem uma organização. No entanto, quando não estamos suficientemente na floresta, não compreendemos sua organização. Se sempre evitarmos ou dissociarmos nossas emoções e impulsos como algo que não deve ser, então jamais perceberemos sua organização; nós os vivenciaremos como caos e teremos medo. As fantasias que associo à floresta estão estampadas com a cor "verde"[55], têm a ver com o tornar-se sempre novo; e, nesse sentido, com a esperança. Mas não existe nenhum nascimento sem um perecer.

Na floresta encontra-se o castelo de Merlin com as famosas "janelas sem número". Como mestre da região selvagem, ele tem uma casa com infinitamente muitas entradas e igualmente muitas saídas; convida o buscador para uma estada, mas libera-o novamente ao mundo.

Como mestre da selva, Merlin pode lidar com as possibilidades da fantasia, da imaginação, com as imagens da imaginação. Ele está tão ligado à natureza, que conhece suas leis e, por isso, também pode "prevê-las" –, não planejá-las antecipadamente, mas prevê-las. Dessa forma, ele personifica a ordem que se oculta nessa natureza que prolifera selvagemente, e pode, por isso, lidar igualmente com ervas. Talvez essas ervas também desempenhem um papel na produção das imaginações, das visões. Nesse caso, aí também residiria um aspecto do perigoso, do inquietante.

Se Merlin pode enfeitiçar porque pressente conexões mais amplas, pode, portanto, tornar-se conselheiro do rei, enviar os cavaleiros em busca do Graal, criar ao menos a imaginação do Graal, uma fantasia a respeito do que, então, esse elevado valor poderia ser. É por isso que ele pode aliciar os

---

55. Cf. RIEDEL, I. *Farben: in Religion, Gesellschaft, Kunst und Psychotherapie*. Stuttgart, 1983.

cavaleiros a buscar este elevado valor? No entanto, justamente na busca do Graal evidencia-se que o caminho é o mais importante; ou seja, a busca pelo sentido oculto por trás de todas as aparências, por trás de tudo o que vive, por trás da vida, juntamente com as experiências que nela se têm. Afinal, não sabemos o que o Graal realmente é, posto que haja diversas tentativas de explicação. Ele é uma imagem de nobre valor que sempre tem em si um "excedente de significado" e nos seduz a buscar seu sentido oculto.

Desvalorizar nossas fantasias, imaginações, ilusões significaria banir Merlin novamente para sua floresta. A capacidade de poder fazer uma ideia de todos os aspectos possíveis da vida é principalmente uma característica humana. Imaginações não são nem boas nem más. Se as ideias têm efeito positivo ou negativo, depende do que fazemos com elas. Na fantasia criamos nosso mundo, nossa mundivisão, nossos relacionamentos com as pessoas, com Deus, com a natureza. Todas as nossas percepções estão sempre misturadas com nossas imagens interiores, com nossas imaginações (mesmo quando dizemos que seríamos muito objetivos, uma porção de imaginação está ligada a isso). Por conseguinte, não se trata, de maneira alguma, de evitar as imaginações, mas de confiar nelas e de refiná-las, de tal modo que conheçamos suas leis, sua contribuição para a compreensão da realidade. Nas imaginações se mostra não apenas nosso mundo consciente, mas também o mundo inconsciente. Nesse caso, movemo-nos na região limítrofe, somos cidadãos de dois mundos;

moldamos o que nos assusta, o que nos alegra, o que nos move; moldamos também a nós próprios. As imagens que temos de nós têm grande influência em nossa autocompreensão. Não as criamos na imaginação; na imaginação nós as manifestamos.

Todos sabemos que hoje a visão sonhadora, pressagiadora é essencialmente menos estimada do que o pensamento estritamente racional e claro. Naturalmente existe o perigo de que nos percamos "na floresta": a fantasia pode tornar-se fictícia, a visão pode transbordar-se em quimeras que nos subtraem ao mundo dos seres humanos.

Contudo, o pensamento racional também tem suas "possibilidades de caducidade", e como o pensamento lógico, encontra-se no lugar errado onde a intuição ou o sentimento seriam adequados. Com que frequência o pensamento racional nos induz a tomar um problema como o todo, ao passo que ele é sempre e apenas uma pequena porção de um problema mais global. Frequentemente, isso nos leva a procurar soluções que, no final das contas, amontoa mais problemas do que os suprime.

De acordo com as lendas, Merlin desempenhou importante papel na vida do Rei Arthur. Se ele for uma figura arquetípica, talvez tenha também hoje uma eficácia como "velho sábio", que personifica a sabedoria da humanidade, as capacidades de intuição e de visão do ser humano em conexão com a natureza. Efetivamente, o que há de especial em Merlin é que, em sua figura, a ligação com a natureza é fortemente acentuada. Ele é quem tem a força de interpretar a vida, mas que mediante sua visão, também dá a esperança de que a vida pode ser dominada. Conhecemos ainda outras personificações da figura do velho sábio – por exemplo, Lao Tsé –, mas que pertencem menos ao reino da natureza. Merlin, no entanto, está inteiramente ligado a esse reino. E quando digo que pode representar a efetividade do imaginativo, então esse imaginativo age nele de forma muito saliente. Ele deve ser visto na linha dos xamãs que sempre sonharam os grandes sonhos para seu clã, que viram as grandes imagens para a comunidade.

Já não é o caso entre nós. Passaram-se os tempos em que um Arthur "cuida" dos subordinados que lhe foram confiados – e por isso, provavelmente hoje se trata de que cada ser humano encontre seu velho sábio e sua velha sábia na própria alma. Merlin pode ser considerado personificação da sabedoria que se expressa nas capacidades imaginativas dos seres humanos, combinadas com uma grande confiança e com a sintonia com os ritmos da natureza. Contudo, nele também se exprime que aquele que tem tais capacidades imaginativas é um "mago", pode mudar o mundo de modo mágico. Isso resulta necessariamente da natureza da imaginação, pois nesta nós mudamos, encantamos o mundo e nos encantamos. Isto é verificável: se excogitamos a imagem de uma região que nos é importante, ligada a bons sentimentos, ou a imagem de uma situação de horror, isso muda nosso humor de maneira muito diversa.

Penso que Merlin é compreendido erroneamente quando é associado à magia negra. O fato de ele próprio, no fim, acabar sendo encantado por suas capacidades imaginativas é, para mim, consequência de que a imaginação também nos molda. Vejo seu encantamento não tanto como um desastre, mas como conclusão de seu agir, como vítima consciente, no sentido do "morre e vem a ser!", a fim de que ele possa tornar-se eficaz em nova forma.

O velho sábio (a velha sábia) é uma figura pela qual quase todo ser humano anseia. Este desejo é muitas vezes projetado: gostaríamos de ter um relacionamento com uma pessoa idosa, que "sabe" como a vida deve ser, como deveríamos tomar decisões em situações difíceis, porque ela enxerga os contextos mais amplos e tem experiência. Isso tem relação com o fato de que os jovens muitas vezes ficam decepcionados com as pessoas mais velhas porque não encontra nenhum velho sábio, nenhuma velha sábia, mas "apenas" uma pessoa idosa. Isso não tem a ver somente com o fato de que tais pessoas idosas talvez tenham se dedicado pouco à sabedoria; está outrossim relacionado à questão de que queremos experimentar a imagem do velho sábio e a efetividade associada a isso na projeção, e somente na projeção. Entretanto, trata-se de descobrir em si mesmo o velho sábio e a velha sábia. Inicialmente, o desejo quer ter, em imaginações e sonhos, uma figura que saiba "o caminho a seguir", uma mão que protetoramente se estenda e nos conduza, mesmo quando nos comportamos de forma bastante autônoma. O anseio pelo velho sábio, pela velha sábia, porém, pode se expressar no momento em que nos confrontamos realmente com essa figura, e assim nos tornamos, nós próprios, um pouco mais sábios.

Velhos sábios aparecem com bastante frequência em sonhos, principalmente quando devemos superar uma situação difícil, mas temos a sensação de não podermos superá-la com nossas próprias forças. O aparecimento de um velho sábio ou de uma velha sábia é, então, na maioria dos casos, de grande importância para o sonhador, porque se descortina uma nova visão da vida, mas também são abertas novas possibilidades de vida. O perigo consiste em que, em seguida, a pessoa se identifique com esses velhos sábios e se exceda no processo, na medida em que se comporte como se ela mesma fosse um velho sábio ou uma velha sábia. Merlin vai e vem – inesperadamente –, e assim também, em nossa vida, essas figuras dos velhos sábios vão e vêm; elas não estão prontamente disponíveis.

Merlin é habitante da floresta, mas também tem seu domicílio no mundo do espírito. Isso é tornado evidente mediante sua origem: a mãe é uma princesa ou uma freira; o pai, um íncubo (demônio). Com isso, também se alude a toda a problemática *paganismo/cristianismo.* Merlin seria, portanto, uma proeminente figura de integração, símbolo de que novas correntes espirituais devem ser sempre ligadas a correntes antigas, caso queiram persistir. Sua morada à margem da floresta poderia ser uma alusão ao fato de que nele se unem a floresta e o mundo aberto, o reino da natureza e o reino do espírito, o cristianismo e o paganismo, o patriarcal e o matriarcal.

Viviane como ninfa erudita

Viviane é uma das "fadas" eruditas da Idade Média. Ela sabe exatamente o que quer, e também se acautela em relação a Merlin. Sabemos que graças a Diana ela tem a possibilidade de enfeitiçar Merlin. De acordo com Zimmer[56], Diana é uma sereia da Sicília, uma grande deusa do mar, e Merlin, por sua vez, gosta também de praticar jogos aquáticos. Entre os celtas, as ninfas são divindades femininas, divindades da natureza, que devem vigiar fontes e rios[57]. As fontes são lugares onde o aquém e o além estão ligados um ao outro, onde a abundância do interior da terra se junta e flui sobre a terra. À fonte, associamos imagens de transbordamento, do que sempre jorra; a fonte é literalmente um útero da terra, que sempre dá.

As ninfas devem prover que essas fontes cumpram sua função; elas são as servas da Grande Mãe e, para elas, essas fontes são um símbolo da plenitude transbordante que se doa. Nesse sentido, Viviane, como ninfa, aí se encontra para fazer a vontade de Diana, de que algo novo deve sempre vir ao mundo.

---

56. Cf. ZIMMER, H. *Abenteuer und Fahrten der Seele*... Op. cit., p. 203.

57. Cf. *Herder-Lexikon Germanische und keltische Mythologie*. Friburgo i. Br., 1982, p. 134 [Com cerca de 1.400 palavras-chave e mais de 90 ilustrações e tabelas].

As ninfas se encontram no séquito de Ártemis, entre os gregos, e de Diana, entre os romanos. Aqui é provável que também estejamos lidando com essa Diana. Ela é uma deusa da lua, senhora dos animais e da natureza livre. Como tal, é igualmente uma deusa da vegetação e da fecundidade. E, uma vez mais, à fecundidade está associada ao fato de fontes, rios e pântanos lhe serem sagrados. Ela é guardiã da natureza, responsável por fazer com que a natureza possa florescer – e, portanto, também por tudo o é que útil ao ser humano. Ela personifica precisamente a natureza, e desse modo, toda a natureza se torna uma deusa; tal como se trata uma deusa, assim o ser humano deve também tratar a natureza.

Merlin está ligado às flores e às fontes. Nele se condensam também traços de uma divindade da água, o que se evidencia no fato de que ele aparece sempre em novas formas de transformação. Faz parte da natureza dos deuses da água poder continuamente se modificar (lenda de Proteu: Menelau quer saber dele a respeito do futuro; Proteu, o Velho do Mar, esquiva-se transformando-se em diversos animais). As fontes são associadas à força da profecia. Provavelmente, isso pode estar ligado ao fato de que na fonte se vê uma conexão com o além, que também lá a "sabedoria" pode ser encontrada, onde o além se liga ao aquém. Diante de uma fonte nos interiorizamos, olhamos para dentro de nós mesmos; nossas imagens interiores podem emergir, tornamo-nos novamente videntes. Por conseguinte, por que Merlin, já tão ligado à floresta, à natureza, às nascentes, ainda deve se apaixonar por Viviane? Ou será que Diana tem em vista conectar esse homem a Viviane? Será que ela tem até mesmo ciúmes, pois Viviane só deve unir-se a Merlin quando Diana morrer? Diana fora anteriormente a companheira de Merlin? Trata-se do poder mágico, do poder mágico feminino, que Merlin tem e que está sendo recuperado pelas mulheres? (A vidência, desde tempos imemoriais, era reservada às videntes.) Diana gostaria de conservar a predominância? Trata-se, portanto, de uma luta entre as correntes matriarcal e patriarcal? Ou se trata de outra coisa: em Viviane, Diana quer ligar o âmbito de sua atuação ao de Merlin?

A mútua revitalização

Se Merlin e Viviane já estão estabelecidos em um ambiente tão semelhante, moldados pelas mesmas áreas e responsáveis por elas, o que podem, então, dar um ao outro? Em primeiro lugar, devemos ponderar que temos diante de nós um homem idoso e uma moça. Sempre que um casal é representado por um homem idoso e por uma mulher jovem, ou por uma mulher idosa e um homem jovem, trata-se da renovação da vida[58]. Isso é verificável também no dia a dia: entre pessoas muito jovens e pessoas muito velhas, muitas

58. Cf. as núpcias sagradas da deusa-mãe com um jovem deus, como as celebram Ishtar e Tamuz na primavera.

vezes se dá uma "permuta" interessante. A pessoa jovem rejuvenesce a idosa e dela recebe uma condensada experiência de vida, um "esboço preliminar" de toda a vida. No vínculo do antiquíssimo Merlin com a jovem Viviane expressa-se, por conseguinte, que Merlin é "renovado", que ele deve mostrar-se de maneira nova. Viviane traz-lhe sua juventude e seu amor, o qual deve também ter transmitido sensibilidade, fascínio, bem como proteção. Ela dá-lhe um lugar para ficar, a respeito do qual, no entanto, não sabemos bem se elogiamos a "torre mais bonita" como justamente o "mais belo" lugar, ou devemos lamentar-lhe a índole de prisão. Dependendo de qual perspectiva consideremos, experimentaremos de modo diferente esse estado de encantamento. Para os cavaleiros do Rei Arthur, para quem a deambulação é essencial, era uma prisão e motivo de compaixão. Para quem não quer fincar raízes, é insensato deixar-se enfeitiçar desse modo. À pergunta do cavaleiro Gawain, sobre como pôde acontecer, pois, a ele, o mais sábio de todo os seres humanos, tornar-se assim agrilhoado, os historiadores levam o próprio Merlin a dizer: "Sou também, ao mesmo tempo, a pessoa mais insensata, visto que amo outra pessoa mais do que a mim mesmo"[59].

E assim, parece-me como se Merlin tivesse trocado o mundo da fama pelo mundo do amor, convencido de que aquilo que é, é o que deve ser – do ponto de vista do vidente. Este é seu lugar. Talvez, no entanto, somente agora ele estaria realmente ligado a Diana, à deusa da lua, à deusa-mãe e,

---

59. BORON, R. *Merlin – Der Künder des Graals*. Op. cit., p. 194.

portanto, teria a possibilidade de ser rejuvenescido? A nova forma de vida na qual ele aparece seria aquela que, a partir de dentro, dá às pessoas suas qualidades de guia das almas, de mago, de sábio, de quem, entretanto, sempre tem em si também algo de espantoso, de não totalmente apreensível. Todavia, o todo é também organizado por Diana; ou seja, a partir de uma visão matriarcal da vida.

Somente Viviane desperta em Merlin o desejo de realmente estar ligado a ela, de pertencer-lhe totalmente. E ela permanece fiel ao amor que cresceu entre eles.

Mas o que Merlin traz para Viviane? O desejo de poder enfeitiçar, de encantar. "O entusiasmo clarividente é dom das ninfas", diz Platão em *Fedro*. Então, para que Viviane precisa de Merlin? Provavelmente para poder realizar o que ela vê, para pôr em prática. Ela ama o desejo de mudar o mundo, mas também poder enfeitiçar a pessoa amada.

No caso, não devemos ver apenas o aspecto do Merlin "enfeitiçado". Trata-se também de uma conexão vinculativa. As ninfas são criaturas que particularmente não gostam de ligar-se. Elas têm diversas aventuras eróticas e sexuais em suas fontes, mas não gostariam de fixar-se. Então, também para Viviane será oferecida uma nova forma de vida: de relações sexuais para uma relação de amor.

Contudo, para que serve a nova forma de relacionamento se o velho sábio, no processo, está enclausurado em um tipo de castelo da Bela Adormecida? Ou deveríamos compreender isso diferentemente: Viviane é uma nova personificação da natureza e do espírito, desta vez na forma de uma mulher – ou seja, de uma sabedoria feminina –, na qual o amor e o relacionamento vinculativo se tornam visíveis? Nesta visão, a torre onde Merlin está, seria símbolo de um ventre, de um lugar de transformação: do descompromisso, da alegria da ideia, da deambulação para a amabilidade, para um relacionamento amoroso.

Resumidamente, dissemos que Merlin é personificação do velho sábio que está intimamente ligado à natureza, e que suas capacidades visionárias podem ser compreendidas como visão, imaginação e intuição. O que personifica, pois, a ninfa Viviane?

Na tradição a respeito dela se diz que é erudita; é versada na escrita e também sempre retém tudo o que Merlin diz. Mas também está comprometida com Diana, a deusa da lua, que vigia nascentes e correntezas. Ela tem acesso ao que jorra e flui do inconsciente e cuida para o que jorra e flui seja protegido. Está ligada à terra; mas de maneira mais leve do que Merlin, não está presa à terra.

Viviane seria, portanto, um modelo de mulher que se sente comprometida com Diana, a deusa da floresta e da natureza, que participa da sabedoria e da visão naturais dessa deusa e de sua plenitude de vida. Viviane poderia ser modelo de uma mulher que sabe a respeito de sua natureza e da natureza como tal, sobre seu corpo, seu prazer, seu eros, mas também sobre a força de suas imagens interiores; que saber a propósito de seu devir e de seu fenecer, mas também é instruída e, ademais, vive seu eros no relacionamento com um velho sábio – e também pode permitir-se partilhar de sua sabedoria, de sua visão da vida. Nesse processo, ela não se torna nenhuma velha sábia, mas personifica uma sabedoria que se renova continuamente em conexão com a natureza. Ela também é uma mulher que pode empregar suas habilidades – inclusive aquelas que aprendeu de Merlin –, segundo sua vontade.

Merlin pode ser rejuvenescido por ela e continuar a viver em forma mudada, pois Viviane liga o reino da grande-mãe ao reino do espírito; ambos são expressos e vividos no amor dos dois. O perigo consiste em que Merlin permaneça aprisionado. Ou nosso conto diz mais precisamente que ele permanece aprisionado somente em sua antiga forma, mas que em sua nova forma já continua a viver em Viviane?

No entanto, resta um problema: no feitiço, na força transformadora da imaginação, oculta-se também o perigo de que nós enfeiticemos algo, de que não possamos abrir mão de algo, de que empreguemos o poder onde não é apropriado. Este perigo não deve ser eliminado, devemos viver com ele. As imagens podem inclusive ter caráter enfeitiçador; por exemplo, quando formamos uma imagem de uma situação futura, que talvez esteja moldada pelo medo, e depois, na situação real, de forma alguma nos desvencilhamos dela, mesmo que não corresponda à situação real. As imagens devem permanecer "em movimento", devemos deixá-las entregues ao seu ritmo natural; então elas vêm e vão, tal como Merlin, que sempre surgia e desaparecia. Tão logo tenhamos a sensação de que deveríamos “fazer” algo com essas imagens, utilizá-las, agarrá-las, conservá-las para além de seu tempo, elas se tornam limitadoras. Assim como as imaginações podem ser fontes da mais elevada sabedoria, podendo nos dar certo conhecimento e clarividência, também podem nos enfeitiçar, quando deixam de ser expressão de nossa mais profunda natureza, mas nelas se refletem como mesquinhas reivindicações do eu.

Nas fantasias de relacionamento tentei mostrar o quanto a imaginação desempenha um papel justamente no amor, o quanto o amor estimula nossa fantasia, o quanto vemos a pessoa amada em suas melhores possibilidades, e, nesse sentido, por causa dela mesma, amamos também suas melhores possibilidades. Mas nós também fantasiamos nossas melhores fantasias no relacionamento com esse tu amado, e mediante a imaginação, elas se tornam realidade; suprimem, portanto, nossa separação um do outro.

O retraimento de Merlin para a floresta e sua conexão com Viviane assinalam uma reviravolta espiritual: modifica-se a maneira de agir do grande sábio, vidente, mago, guia das almas. Seu lugar não será mais na corte do rei e no mundo do sucesso, mas doravante, no mundo do amor e do relacionamento. Ele está enfeitiçado, conforme o antigo relato conta. Para nós, surge a pergunta: Podemos quebrar o feitiço, podemos viver em uma nova forma o que nele se expressa, na forma de Viviane, que está ligada inseparavelmente a ele?

Merlin e Viviane na imaginação de uma jovem mulher

Com um exemplo, gostaria de mostrar como Merlin e Viviane podem ser vividos na imaginação por pessoas de hoje e também como modelo de relacionamento. Trata-se da imaginação de uma mulher de 25 anos:

> Estou sentada em uma floresta verde-escura, a luz brinca na água de um lago – dependendo de como as folhas das árvores se movem ao vento silencioso. Olho para dentro da água e fico totalmente fascinada pelas centelhas de luz. As faíscas de luz se transformam em figuras de pessoas que inicialmente apenas pressinto. Será que tenho coragem de vê-las, de dar-lhes nomes?
>
> Quero fugir. Mas também quero resistir. Sobre a superfície da água dança uma jovem ninfa, com pernas e pés, um corpo maravilhoso, longos cabelos louro-avermelhados. Diante de mim, descobri um homem idoso, com a barba totalmente branca e olhos penetrantes, escuros, trazendo em si todos os sinais da velhice – e, no entanto, jovem. A ninfa dança insinuando-se para ele, coloca-lhe os braços ao redor do pescoço, beija-o.
>
> Esta ninfa começa a perturbar-me enormemente. Eu gostaria de falar com esse homem singular, é-me permitido entrar em contato com ele. De alguma forma, seus olhos dizem que ele vê algo, e eu gostaria tanto de

ver também. Essa ninfa, porém, enreda-o, parece ter pretensões sobre ele, que parece também estar plenamente satisfeito com ela. O que posso fazer?

Se pelo menos eu nunca tivesse visto essa estúpida ninfa, mas eu já a contemplara a partir da água.

À medida que eu assim me enraiveço, a imagem de ambos se distancia sempre mais. Obviamente, esta é a maneira errada de lidar com ambos.

Ouço o homem rir, um riso completamente descontraído. Sei que devo enfeitiçar a ninfa, do contrário, jamais me aproximarei do homem.

Como se enfeitiçam ninfas? Por si mesma, ela não se interessa por mim, é impensável.

Será que para ela eu pareço um belo jovem príncipe saído da água? Duvido que possa sê-lo e também duvido que ela seja receptiva.

Olho para dentro da água. Concentro-me na profundidade e espero que algo ou alguém se apresente a mim. No entanto, tudo permanece calmo, somente os dois se refletem na água, e torna-se claro, para mim, que não se trata precisamente de que eu afaste a ninfa, mas de que eu, mesmo assim, interpele-os como um casal.

Agora os dois voltaram a se aproximar. Ao redor deles há uma atmosfera de mistério e de ternura, de sabedoria e de Eros, e também de um pouco de perversidade. Esta provém es-

> sencialmente da ninfa, mas também deve ser própria do velho sábio; Se assim não fosse, como ele poderia se juntar a ela?

Este casal, visto na imaginação, tem semelhança com Viviane e Merlin, e ocorre na "esfera da vida" de ambos. Obviamente, a jovem mulher não tem dificuldade alguma com o velho, mas com a ninfa, sim. A solução, para ela, é ver os dois como um casal.

Um ano mais tarde essa mulher teve um relacionamento com um homem mais velho, que ela compreendeu como velho sábio. Nela ele reencontrou a juventude, rejuvenesceu-se nela, tinha a sensação de que tudo o que experimentara e vivera podia ser transmitido de maneira condensada. Ele chamava-a de "Pequena ninfa", mas ela não gostava, pois isso trazia à sua mente um aspecto sedutor, erótico, mas também misterioso. Ele amava a conexão dela com a natureza, algo que lhe era tão natural que nem mesmo ela estava consciente disso; ela amava sua autoconfiança e sua inteligência natural. Mediante sua imaginação, ela amava todas essas características por causa dela mesma, mas também as desenvolvia em si mesma. Também sentia "mais o chão sob os seus pés", sem o que a gravidade da terra o pressionasse demasiadamente. Ela aprendeu a amar a ninfa em si mesma. Ele amava sua capacidade de entusiasmar, e ele próprio tornou-se capaz de entusiasmar-se com ela.

Ela amava no homem sua sabedoria, seu conhecimento a respeito das situações mais abrangentes, sua segurança em lidar com o cotidiano, sua serenidade. Via nele um homem com dons proféticos, um homem que conhecia também as leis do inconsciente, e ela estava desejosa de conhecê-las também. Ela aceitava-o como guia no mundo do inconsciente e no mundo do espírito. Ele despertava nela o anseio por tudo o que é espiritual, pelo criativo, pelo que é emocional e intelectual. Mediante seu amor e sua admiração, ela "pressionava-o" a verificar mais uma vez o que ele realmente pensava e tinha em mente. Após esse começo animador e de uma fase de muito contentamento, o relacionamento tornou-se difícil; o velho ficou doente, retraiu-se, todavia com a grata sensação de ter uma vez mais vivido algo muito belo.

Mesmo antes que ele tivesse se retraído, a mulher teve a sensação de que o tempo do profeta e do sábio efetivamente havia passado. Ao mesmo tempo, desenvolveu um relacionamento muito intenso com uma figura de seus sonhos, a que ela chamou de Merlin. Em uma primeira fase desse relacionamento imaginativo, o essencial era que Merlin dizia-lhe tudo o que ela não sabia. Em seguida, esse tipo de imaginação tornou-se enfadonho. Por algum tempo, ela esqueceu-se de Merlin.

Em uma segunda fase, esse Merlin interior despertou um anseio enorme por tudo o que estivesse além da consciência desperta. Ela meditava, deixou-se envolver por estados de espírito, tornou-se sonâmbula – e, no entanto, estava muito satisfeita.

Em uma terceira fase, experimentou que não deveria simplesmente se abandonar a essas imaginações e estados de ânimo, e começou a modelá-los. Ela sentiu que podia abandonar-se em suas imaginações, que muitas correlações lhe tornavam claras e também a plenificavam; contudo, também percebeu que deveria se comportar criticamente em relação a tais imaginações, que deveria defender o vivível contra o não vivível. Já não se tratava tanto de um querer saber, de um querer perscrutar, mas, antes, de um ver a partir de um vínculo afetuoso com as pessoas e com as coisas.

Para ela, o velho homem a quem amava era a ponte para essa nova possibilidade humana de vida, para este estar-no-mundo que, de um lado, está ligado ao corporal, ao real, ao eros, à sexualidade; e de outro, à vida em profundidade, à confiança em intuições e imagens interiores.

Para o velho, ela era estímulo, condensação de suas experiências amorosas; mas também uma mulher que ele deveria deixar partir e da qual ele, no entanto, esperava poder também continuar a viver um pouco nela. Esta história de relacionamento mostra como a ligação *Merlin-Viviane* pode ser projetada, experimentada e vivida em relacionamentos humanos. A jovem mulher teve de separar do homem real aquilo a que ela chama de "Merlin em si", e viver como possibilidade interior; o homem real, entretanto, fez emanar dela esta possibilidade de vida. Nesta história de relacionamento, o que é típico de Merlin é que ela é enviada ao caminho que lhe é totalmente próprio (busca do Graal), aprende a viver na imaginação, a confiar nela e a estar em boa conexão com a natureza e com o que é natural.

Hatem e Zuleica: o tema em Goethe

Outro relacionamento entre um idoso e uma jovem mulher é narrado e moldado em *Divã ocidento-oriental*, no livro de Zuleica[60], em poemas de amor únicos no mundo. Goethe, aos 60 anos, encontra, na casa de Johann Jakob Willemer, a jovem esposa deste, Marianne Willemer. Apaixona-se por ela e expressa seus sentimentos – como sempre configura seu amor por uma mulher – em versos.

Então acontece-lhe algo inesperado: "Marianne responde, já no dia seguinte, em versos que repetiam o fluxo e as rimas dos dele, e demonstrando, mais do que seu conteúdo, como ela se apropriara de todo o ser dele; não apenas da pessoa, mas acima de tudo, do poeta"[61].

Goethe deu a Marianne o nome de "Zuleica" – em uma lenda árabe, ela é a inalcançável amada de José. Para Goethe, estava claro que esse amor, para poder ser realmente vivido, entrara demasiadamente tarde em sua vida, uma vez que Marianne não estava disposta a "desconsiderar todos os obstáculos exteriores e convencionais". Após algumas semanas, durante as quais trocaram essas "líricas confissões de amor", ele fugiu para Heidelberg. Os dois jamais voltaram a se ver[62].

---

60. GOETHE, J.W. *Der West-Östliche Divan.* Com um Posfácio de H. Freiherrn von Maltzahn. Munique, 1961 [dtv-Gesamtausgabe. vol. 5]. • Recorremos à ed. brasileira: *Divã ocidento-oriental.* Trad. de D. Martineschen. São Paulo: Estação Liberdade, 2020 [N.T.].

61. MALTZAHN, H. Freiherr von, Nachwort. In: GOETHE, J.W. *Der West-östliche Divan.* Op. cit., p. 262.

62. Ibid.

Expressão desse amor são os poemas do *Livro do amor* e do *Livro de Zuleica*, inseridos em *Divã ocidento-oriental*. Gostaria de reproduzir alguns deles que mostram esse relacionamento de um idoso com uma jovem mulher a partir das experiências emocionais de ambos.

O fascinante é que Marianne, mediante esse amor, tornou-se poetisa; contudo, voltou a emudecer quando o relacionamento foi rompido – provavelmente cedo demais para ela. O poeta podia amar o lado poeta dela, em razão dela mesma. Por meio de seu amor, ele deu vida ao poder criativo dela.

Que Zuleica por José foi encantada
não é nada novo;
era moço, graça de quem é novo;
era belo, dizem, era de encantar;
era bela, podiam se deleitar.
Mas que tu, que me foste aguardada,
jovens olhos de fogo me remetas,
me ames já, depois me deleites:
isso em meus cantos exaltarei,
Zuleica sempre te chamarei.

Já que Zuleica te chamas,
nomeado também devo ser,
se tu teu amado inflamas,
Hatem! Deve o nome ser.

"Que me foste aguardada" – com isso, provavelmente Goethe exprime quanto esperou por ela, pela vibração de amor que ela desperta nele.

Hatem
A ocasião não faz o ladrão;
pois ela é o maior ladrão:
roubou o resto da paixão
que eu tinha no coração.

Todo o ganho de minha vida
só a ti ela entregou;
e pobre de mim, querida,
sem ti eu nada sou!

Mas já sinto a empatia
na joia do teu olhar,
e em teus braços a alegria,
minha sorte, vou encontrar.

Zuleica
Bendita teu amor me faz,
eu não perco a ocasião;
se ela bandido te faz,
feliz faz-me a espoliação!

E, no fim pra que este roubo?
Muito livre dá-te a mim;
Quero crer com muito arroubo –
que eu roubei-te – fui eu sim!

Tu te deste de bom grado,
isso traz bom ganho a ti,
minha vida, meu agrado,
dou feliz, pega pra ti!

Zombes não! Sem fracassos!
Não nos enriquece o amor?
Se eu te tenho nos meus braços,
todo ardor é meu ardor.

Goethe aqui diz ter-lhe dado "todo o ganho de minha vida": a riqueza do idoso. E Marianne Willemer, que escreveu o poema *Bendita teu amor me faz*, está igualmente disposta a dar-lhe toda a sua riqueza. Ela não quer saber de roubar e tomar, mas da mútua doação da abundância.

A sensação da riqueza que está associada ao amor é magnificamente expressa aqui, ainda que seja um amor entre um idoso e uma jovem mulher.

Zuleica
Lá vem o Sol! Que majestade!
A crescente o enleia.
Quem fez deste par unidade?
E esse enigma, quem o clareia?

Hatem
O sultão!, pois ele casou
o par mais alto do céu,
escolhidos designou:
valentes da grei fiel.

Seja o modelo do nosso prazer!
Logo revejo, a mim e a ti:
me chamas Sol, meu bem-querer,
vem, doce Lua, enleia-me!

Aqui, ambos expressam sua fantasia de casal: a união entre o Sol e a Lua. Eles veem seu amor cosmicamente, como o feliz entrelaçamento de dois princípios vitais que, juntos, expressam uma unidade, mas que, na verdade, não podem juntar-se. Aqui, parece-me estar expressa uma fantasia do tipo Shiva-Shakti em símbolos cósmicos, a associação simbólica de todo grande amor, juntamente com o espanto de que algo assim sequer seja possível. Hatem alude ao par mais alto do céu, cujo mistério de amor ele pressente no relacionamento com Zuleica, símbolo de como em todo amor humano transparecem aspectos divinos e de como cada um dos dois amantes se supera.

Amor a amor, hora a hora,
verbo a verbo e olho a olho,
beijo a beijo, de boca canora,
sopro a sopro e escolha a escolha.

Seja à noite, seja de dia
em meus cantos podes ver
que há secretas fantasias;
José, o encanto, serviria
pra tua graça responder.

Zuleica
Povo e escravo e o vencedor
têm unanimidade:
dos filhos da Terra o esplendor
é a personalidade.

A vida se deve viver
se medir-se não souber;
tudo pode vir a perder
quem ficar como se é.

Hatem
Pode ser!, assim foi dito;
mas exploro uma outra frente,
todo esplendor unido
vejo em Zuleica somente.

Se em mim se desperdiça,
um bom Eu Wilmer seria.
Se ela fosse escapadiça
num instante eu me perdia.

E mesmo assim, Hatem se preocupa por não poder estar à altura da juventude dela; ele gostaria de ser-lhe o parceiro adequado. Zuleica consola-o: quando a pessoa não perde a si mesma, pode viver qualquer vida, mas Hatem – o idoso – reconhece que "num instante se perderia" se ela se afastasse dele. Aqui se mostra quanto ele se perdeu nesse amor, quanto se deixou agarrar por ele e quanto sua experiência pessoal depende desse amor. No diário de Goethe se encontra, "por trás da anotação, que ele havia escrito a carta de rejeição com apenas um único caractere árabe que, traduzido, significa: 'Eu grito de agonia'"[63].

Mas ainda não chegara a tanto, pois ele ainda saboreia a maravilha de, como idoso, ser tão amado uma vez mais:

63. Ibid., p. 263.

Hatem
Cachos! têm-me enredado
nesta face redonda!
Teu castanho serpenteado
não deixa que lhe responda.

Persiste este coração,
pulsa em tão jovem flor;
sob a neve e a cerração
ruge um Etna de amor.

Aurora: pintas rosete
dos picos o paredão,
e de novo sente Hatem
ar vernal, quente verão.

Taberneiro! Outra rodada!
Este copo eu levo a ela!
Ela dirá: "Fui queimada!"
Se encontrar as cinzas dela.

Zuleica
Te perder? Não, nada disso!
Amor ao amor dá força.
Podes decorar meu viço
com paixão que reforça.

Ai! me excita o adulador
do poeta favorito;
pois a vida é o amor,
vida da vida é o espírito.

Goethe desfruta mais uma vez todo o seu arrebatamento de sua situação de afogueado, e Marianne responde com a confissão de que o amor dá força ao amor; ela sente que o amor dele, o amor de toda uma vida pode desenvolver seu próprio amor. Na alegria pelo aumento da intensidade da vida que lhe advém, ela cria, em minha opinião, uma das mais profundas afirmações sobre o amor:

Pois a vida é o amor,
vida da vida é o espírito.

Zuleica:
Ah, das tuas úmidas alas,
ah, Oeste, como te invejo:
estas notícias podes levá-las
a ele, que, sozinha, desejo.

O mover-se das tuas asas
traz ao peito um calmo arquejo;
flores, olho, monte e matas
caem em prato ao teu bafejo.

Mas tua brisa em sopro leve
salva o olho tão cansado;
ah, a dor me diz: Releve!
Não queira tê-lo encontrado.
[...]

Reencontro
Grande estrela, é possível?
Te aperto no coração!

Ai! que abismo horrível,
noite longa, que aflição!
Sim! Tu és meu complemento
Doce e amável desta dor;
lembrando o velho tormento
hoje corre-me um tremor.
[...]

Acendeu-se a luz! A treva
débil dela se separou,
e, um por um, uma leva
de elementos se apartou.
Ágeis, por sonhos selvagens,
buscaram a vastidão,
rijos, em amplas paragens,
sem som, sem aspiração.

Tudo quieto, ermo; ora
logo Deus estava só!
Então Ele criou a aurora
que da dor sentiu seu dó,
e um jogo de cor no torvo
ressoante produziu,
e eis que pôde amar de novo
o que outrora se partiu.

E com ânsia esbaforida
se busca o que vai casar;
virando pra esta ampla vida
seu afeto e seu olhar.
Seja estase ou presa –
Se puder se comportar –

Alá suspenda a sua empresa:
seu mundo vamos criar.

Pois, a asa da alvorada
na tua boca me lançou;
selada, a noite estrelada
nosso pacto confirmou.
Na alegria e na desgraça
estamos na Terra nós dois;
nem um outro "que se faça!"
vai nos apartar depois.

O reencontro é descrito por Goethe como mito da criação, enquanto a experiência de unidade e de totalidade no amor é equiparada a uma criação do mundo. Contudo, ele se separa de Marianne porque reconhece que esse amor – comparado à fase de vida na qual se encontra – chegou-lhe tarde demais. Não sabemos o que isso significou para Marianne, pois ela foi silenciada, ou seus poemas perderam-se. No papel de Zuleica: "Ah, das tuas úmidas alas..." torna-se suficientemente claro quanto até mesmo uma separação temporária a machucou.

O *Livro de Zuleica* conclui-se com o poema de Goethe:

Em mil formas podes te esconder,
mas, Oniamada, logo reconheço a ti;
com véus mágicos vais te defender,
Onipresente, logo reconheço a ti.

No jovem cipreste, de puro ardor,
Oniviçosa, logo reconheço a ti;

se a água viva do canal flui sem labor,
Onilisonjeira, claro, reconheço a ti.

Quando as águas em fluxo se desdobram
Onibrincalhona, feliz reconheço a ti;
quando nuvens formando se transformam,
Onivariada, ali reconheço a ti.

No tapete florido que vela a campina,
Onicolorstrelada; belo reconheço a ti;
e agarra em torno com mil braços de vinha,
oh!, Oniacolhedora, ali conheço a ti.

Quando ao monte a manhã se incendeia,
logo, Onirreluzente, saúdo a ti;
depois sobre mim o céu puro se alteia,
Onicordiampla, aí respiro a ti.

O que sei com senso externo, interno,
tu, Oni-instrutora, conheço por meio de ti;
e quando os nomes de Alá, cem, externo,
em cada um ressoa um nome de ti.

Para Goethe, o mundo inteiro tornou-se transparente por causa da mulher amada, por causa do tu amado; em tudo ela lhe vem ao encontro, o que se expressa da forma mais bela nos nomes que ele lhe dá: Oniamada, Onipresente, Oniviçosa, Onilisonjeira, Onibrincalhona, Onivariada, Onicolorstrelada, Oniacolhedora, Onirreluzente, Onicordiampla, Oni-instrutora. Nestes nomes torna-se evidente, uma vez mais, o quanto ela personifica tudo o que ele pode compreender e amar. Ela é tudo para ele, toda a intensidade de seus sentimentos. Mas também se torna visível a imaginação que aumenta Marianne, tornando-a uma deusa.

São poemas que descrevem a natureza do amor, com suas alturas, seu alcance até o absoluto – e, finalmente, a dor da separação. Que o modelo de relacionamento *idoso/mulher jovem* neles se expressa, mostra-se na intensidade com que em Goethe toda a paixão de sua vida irrompe uma vez mais, potencializada pela consciência de que esse amor não é vivível por muito tempo, e como Marianne nesse momento se deixa envolver tanto por essa paixão, que encontra suas maiores possibilidades criativas a serviço de seu grande amor. O modelo de relacionamento *idoso/mulher jovem* também se revela no fato de Goethe introduzir nesse amor toda a sua rica mundivisão, e, em seguida, esse modelo de relacionamento também se mostra na forçada ruptura desse grande amor, quase típica dessa constelação, que raramente pode ser vivida, de modo que se transforme em um novo tipo de relacionamento.

Montauk: o tema em Max Frisch

Max Frisch, em cujos livros muitas vezes são descritos relacionamentos nos quais homens mais velhos se apaixonam por mulheres jovens, faz do padrão de relacionamento *idoso/mulher jovem* o tema de seu conto *Montauk*[64]. Nele, o narra-

64. FRISCH, M. Montauk. *Gesammelte Werke in zeitlicher Folge*. Op. cit., 1975, p. 71ss.

dor resiste consciente e penosamente à tentação de querer se tornar jovem mais uma vez mediante o relacionamento com uma jovem mulher. "Ele conhece sua velhice; por fim, está decidido a aceitá-la." Ele não quer enganar essa jovem mulher. O relacionamento com ela, as situações que ele vive com ela dão-lhe principalmente a ocasião de deixar vir à memória lembranças de relacionamentos com diversas mulheres, revivê-las emocionalmente mais uma vez, também avaliá-las ocasionalmente. É como se por trás desta constelação de relacionamento de *escritor mais velho/mulher jovem* se espelhassem exemplarmente seus relacionamentos com mulheres. Destarte, ele pergunta a si mesmo se o seu amor realmente é por Lynn: "Ele observa, a fim de verificar se a sua ternura verdadeiramente tem a ver com Lynn". Talvez pela percepção de que todo amor também inclui a experiência de todos os amores vividos ao longo da vida.

Finalmente, ambos se separaram – como previsto – sem emoção. Cada um deve agradecer ao outro lembranças, aventuras, experiências. Evitou-se cuidadosamente, na medida do possível, uma provável dependência; Lynn ainda conserva decididamente sua autonomia. O escritor não quer repetir suas falhas anteriores, sobre as quais reflete.

Nesta história, o homem mais velho traz para o primeiro plano sobretudo o aspecto da lembrança de todos os relacionamentos que preencheram sua vida ou que a sobrecarregaram com culpa. Para ele, o relacionamento é um adensamento de experiências amorosas, mas também ocasião de aprender a ver sua vida como um tudo e, assim, também confrontar-se com a velhice.

O modelo de relacionamento de "homem mais velho/mulher jovem" como substituição do modelo Zeus-Hera

É tempo de voltar ao nosso "casal contencioso" no qual mostramos a constelação Zeus-Hera. Embora esse casal tivesse desenvolvido fantasias de parceiros do tipo *homem mais velho/mulher jovem* e *mulher mais velha/homem jovem*, continuaram a litigar persistentemente, até que um dia a mulher confessou um desejo que ultrapassa os antigos clichês: "Fico furiosa pelo fato de você me forçar sempre a afirmar-me em vez de poder ser dedicada". A isso, o homem disse que tinha em si sentimento igual, que gostaria de ter um estilo diferente de relacionamento, que estava farto dessa briga, mas que ela o forçava igualmente a continuar a afirmar-se.

Pela primeira vez, depois dessa conversa, os dois sentiram uma profunda impotência: queriam mudar a situação, mas não podiam. Essa sensação de impotência que eu, como terapeuta, partilhava plenamente – eu também me sentia impotente havia muito tempo –, estava no ar e foi experimentada em silêncio. Naquele momento, não dispúnhamos sequer de palavras, e isso, dentro de tal relação de poder, já quer dizer alguma coisa. A experiência da situação e o padecimento dessa impotência foram muito difíceis e levaram a uma nova fase.

No final daquela sessão propus aos dois que o "casal contencioso", tal como eles tinham vivido todo o tempo, de agora em diante fosse compreendido como "parceiros conflitivos intrapsíquicos", como dois adversários que se atacam mutuamente em suas almas. Os dois deveriam inicialmente se chamar "Zeus" e "Hera", a fim de que eles próprios pudessem distanciar-se um pouco desses parceiros contendedores. Toda disputa externa real que no futuro se verificasse entre eles deveria ser simultaneamente "reencenada", rediscutida ou, se possível, até mesmo "disputada com antecedência", como etapa interior – quando externamente se anunciasse novamente –, individualmente, a fim de que já não devesse ser disputada incessantemente no relacionamento de ambos, mas pudesse ser tratada entre Zeus e Hera na respectiva fantasia.

Para este fim, sugeri que vissem o parceiro como aspecto e companheiro de equipe na fantasia relacional. Para ambos, já se havia tornado suficientemente claro que eles se emaranhavam nessas crescentes brigas. Para mim, era uma tentativa de integrar a forma de fantasia que os dois já não queriam viver, a partir da reflexão de que uma nova fantasia relacional só pode ser eficaz quando a antiga já não contribui; ou seja, quando ela perde seu escopo porque já não garante o máximo de proximidade na maior separação.

As "discussões interiores" dos dois parceiros eram mais ou menos assim:

Discussão da mulher:
Minha Hera diz: Tu és sempre tão poderoso, Zeus, que queres aniquilar-me.
Meu Zeus diz: Eu aniquilo-te porque queres aniquilar-me.
Minha Hera diz: Isto não é verdade.
Meu Zeus diz: Mas é verdade.
Minha Hera diz: Vês, agora és novamente tão poderoso...

Dada a situação, ela logo parou com a fantasia porque a achava enfadonha e porque também se envergonhava de contá-la na sessão terapêutica.

Discussão do homem:
Meu Zeus pergunta: Por que fazes isso, Hera?
Minha Hera responde: Por queres sempre mandar em mim, porque tiraste minha dignidade de mulher; porque já não me é permitido decidir; porque não vês em que posso dar-te algo; porque não me amas.
Hera pergunta a Zeus: Por que fazes isso, Zeus?
Zeus a Hera: Porque tenho medo, porque me sinto impotente e, mesmo assim, devo ser Zeus; porque é tão difícil para mim ser realmente autônomo.

Em sua discussão imaginária, o homem expressa claramente que ele, até então, desvaloriza seu lado feminino; que ele, de fato, tem grande dificuldade em mostrar-se tão poderoso quanto acha que deve ser.

A partir dessas discussões imaginárias os dois foram instigados a ver primeiramente o conflito entre si como conflito pessoal e, nisso, esse conflito pôde ser mais bem-formulado pelo homem do que pela mulher. No caso dela, tornou-se claro o quanto ambos os lados reivindicam igual força e poder. Eu esperava que os dois, mediante estas fantasias, pudessem integrar sua antiga forma de relacionamento para, em seguida, poder viver uma nova forma como nova fantasia relacional. Por meio desses exercícios, que eles faziam principalmente em casa, seguiu-se, por si só, efetivamente, grande mudança na dinâmica de casal. Ambos procuraram, sempre que possível, evitar discussões, visto que achavam penosos os exercícios que deveriam fazer em seguida. Também começaram a falar um com o outro a respeito da frequência com que deviam fazer os exercícios e que sentimentos tinham ao fazê-los.

Certo dia, o homem contou, radiante, que agora, de repente, os dois podiam falar um ao outro, e principalmente se escutarem mutuamente. De igual modo, consolavam-se reciprocamente quando um ou outro sofria muito por dever repetidamente fazer o exercício ou pelo fato de as fantasias serem tão desesperadamente parecidas umas com as outras. O homem disse: "Quando ela está desesperada pelo fato de que essa história de Zeus-Hera jamais cessa nela, parece uma mulher jovem a quem devo consolar. Agrada-me muito vê-la nesse papel, mas também posso permitir que ela me console". A partir desta observação se tornou evidente como os dois lentamente começaram a viver de acordo com um modelo diferente de relacionamento; o padrão de relacionamento *homem mais velho/mulher jovem*, que há muito tempo se anunciara na fantasia do homem, agora eles começaram a viver um com o outro. O padrão de relacionamento *mulher mais velha/homem jovem* era realizado com muito menos ênfase. Nesse padrão de relacionamento ambos eram capazes de conservar o poder, desde que também se alternassem em seu uso. Outrossim, foi conservada a proximidade, mas os dois já não precisavam forçosamente distanciar-se um do outro.

Nessa fase o homem se sentia muito bem; ele achava que agora podia ser forte e também fraco, de acordo com a necessidade; simplesmente já não precisava se afirmar teimosamente. Diversos problemas que os dois anteriormente, durante anos, não haviam resolvido, agora encontravam uma solução. Para o homem, a única circunstância agravante era que ele, nesta fase, sentia-se bastante atraído por moças jovens, e também teria tido com prazer uma aventura com uma delas, mas não queria fazer esse mal à sua esposa.

A mulher, em contrapartida, começou a cuidar dos "bebês" que seu sonho havia acenado, no sentido das inexploradas possibilidades de vida que queriam ser nutridas e acariciadas, a fim de crescerem, mas também no sentido de suas necessidades de ternura. Algo mudara, o que se mostrava, por exemplo, no fato de que a mulher, certa vez, quando quiseram medir forças um com o outro à moda antiga, simplesmente pôde dizer: "Não quero de forma alguma discutir contigo; gostaria de ser compreendida e afagada por ti".

No entanto, nova crise se anunciava: a mulher reagia de maneira cada vez mais enérgica quando o homem a tratava como a uma filha. Nessa constelação de relacionamento *homem mais velho/mulher jovem*, ele parecia enfatizar fortemente o aspecto pai-filha, que essa constelação também pode incluir. Precisamente pelo fato de a mulher ter desenvolvido novas possibilidades de vida e igualmente ter se tornado forte e vivaz, reagia cada vez mais à atitude bastante afagante do marido, mas que também a restringia em sua autonomia. Quando ela mostrava suas necessidades de ternura, desafiava-o; porém, praticamente com uma atitude mais doce. – Nisso ela tinha a sensação de entrar cada vez mais no papel de filha. Ela disse que queria ter uma autêntica parceria. Ele se sentia rejeitado por essa exigência; em sua opinião, porém, eles se davam muito bem. Tinham, sim, uma autêntica parceria e podiam agora resolver bem a maioria dos problemas. Ele temia que eles, pela própria insatisfação, pudessem recair no modelo Zeus-Hera.

A mulher também estava consciente disso, e para evitar que recaíssem em seu "matrimônio litigioso", cogitou-se a separação. O homem reagiu muito assustado, convertendo seu susto na ameaça de "fechar-lhe a torneira do dinheiro", caso ela o abandonasse. Tal ameaça novamente deu à mulher a sensação de ser realmente uma filha dependente do pai, e isso ela não queria de forma alguma. Ademais, surgiu novo problema para ela: passou a considerar o relacionamento desestimulante e tedioso.

Separações internas

Nesta fase, falei que, em um relacionamento, às vezes é necessário separar-se interiormente um do outro, sem que essa separação interior também deva desembocar em uma separação exterior. De vez em quando, dentro de uma parceria, é sensato se concentrar em si mesmo e em suas necessidades, ainda que isso seja vivido como uma separação que nos deixa tristes ou furiosos, que devemos assimilar quase como uma separação externa. A separação interior se distingue da separação exterior somente pelo fato de que as pessoas ficam perto uma da outra e também que simultaneamente dão de onde cada um se encontra em seu processo, a respeito do que se ocupa no momento, como se posiciona diante da questão fundamental da qual está vivenciando, em que pé está a fantasia relacional, ou seu sofrimento por não ter nenhuma nova fantasia relacional com o parceiro. Procurei esclarecer-lhes também que não é imaginável que duas pessoas possam passar por transformações relacionais de maneira totalmente sincrônica. Também pontuei que eles tinham sido imensamente sortudos pelo fato de terem perdido, quase ao mesmo tempo, o interesse por sua fase Zeus-e-Hera.

A essa altura, o problema foi formulado pela mulher da seguinte maneira:

> Certamente ele é amável, mas me domina, não passo de uma filha para ele; por certo também sou, mas isso é sempre transitório. Isso também eu não quero, de maneira alguma. Preciso de um parceiro. A parceria já não deve ser como entre Zeus e Hera, mas amigável, terna, com direitos iguais, e também empolgante. Se não posso viver isso com ele, então que seja com outro homem.

Da parte do homem, o relacionamento foi descrito assim:

> Não vejo nenhum problema. Acho que agora temos um bom relacionamento. Contudo, não domino minha mulher. Não vislumbro como poderia ser diferente, sinto-me bem. No entanto, agora já me sinto novamente criticado; assim sendo, naturalmente eu poderia recair no papel de Zeus. Sou favorável também a uma parceria amigável, carinhosa, mas esta nós já temos.

Enquanto sua mulher estava à procura de uma nova fantasia relacional, distanciava-se interiormente do marido, ele se sentia privado; depois de tanto esforço, agora tinha a sensação de ter sido abandonado, e tentava forçar-me ao papel de mãe que consola seu filho. Com leve chantagem, tentou também impedir a mudança, na medida em que ameaçou que poderia regredir ao papel de Zeus. Mas ninguém tinha medo de Zeus. Ao contrário, sua resistência à mudança ajudou sua esposa a distanciar-se dele e a ver muito mais claramente o que ela queria. Por meio da resistência, ela pôde recuar, distanciar-se das fantasias relacionais vividas por eles até então.

A reação do homem é bastante compreensível: o parceiro que ainda se sente bem na fantasia relacional não vê motivo para mudar algo. Os desejos de mudança do parceiro que se expressam em novas fantasias relacionais são vistos como perturbação, punição, no mínimo como expressão da insatisfação desse parceiro.

Minha proposta de que aceitassem esta crise como momento da separação interior um do outro e, nisso, aprendessem a se desapegar mutuamente, a viver também sozinhos no relacionamento a dois, a enlutar-se pelo que foi perdido e a esperar que uma nova reaproximação fosse possível, foi acolhida a contragosto por ambos. Da parte da mulher, porque agora, finalmente, ela queria ir embora; da parte do homem, porque ele tinha a sensação de que eu deveria chamar mais insistentemente sua esposa à razão e restabelecer as antigas circunstâncias.

Entretanto, consegui convencer ambos de que era sensato ver esta crise no sentido de uma separação dentro do relacionamento; ou seja, perceber e assimilar esta separação que já existia factualmente. Estimulei a aproveitar esse tempo também para tornar realidade, pela primeira vez em suas vidas, o que eles sempre gostariam de ter feito caso o parceiro não o tivesse impedido.

Mas também os orientei a realmente assimilar essa "separação", a perceber os sentimentos de abandono e as emoções associadas a isso, a sentir o que faltava em cada um deles quando o parceiro estivesse ligado apenas a si próprio. Deveriam também descobrir em que parte de sua alma já não se sentiam interpelados; onde queriam ser interpelados e, em seguida, também perguntar-se se conseguiam trazer para dentro de sua vida o sentimento de estar vivo, ou se este podia ser experimentado apenas com a presença do parceiro. De igual modo pedi-lhes para que se permitissem novas fantasias relacionais.

Esta fase durou cerca de quatro meses. A mulher constatou que experimentava seu marido como um ser estorvador, posto que ele não tivesse nenhuma ideia do agir dela e não a obstaculizasse. Também percebeu a facilidade de assumir o papel de filha tão logo aparecesse um homem que razoavelmente a impressionasse. Ao perceber isso em si, irritou-se e constatou que não estava sozinha nessa forma de reação, mas que a compartilhava com muitas mulheres.

Ela cultivava relacionamento com mulheres, sentia-se bem com isso e compreendida em seus problemas. Para ela se tornou claro que diversos de seus problemas eram realmente problemas de toda uma geração. Contudo, sentia falta da atenção de seu marido, que lhe havia dado "sentido", como ela dizia. Achava difícil – na verdade, impossível – dar a si mesma essa atenção. A única coisa importante em relação a seu marido era a atenção, que lhe conferia sentido. O curioso, agora, é que ela falava de "atenção", quando anteriormente falava de "controle". Também sentia falta da ternura que tinham vivido mutuamente na fase anterior, e de já não poder fazê-lo ficar radiante: "Ele pode ficar tão radiante, que me sinto como uma feiticeira".

Ele podia, portanto, dar-lhe sentido, torná-la carinhosa, dar-lhe a sensação de ser uma feiticeira. Tudo isso ficou evidenciado nessa "separação interior", pela qual somente agora os dois mantinham o governo da casa, juntamente com os filhos (o casal tem três filhos); fora disso, porém não se aproximavam. Nas poucas conversas que tiveram, a fim de dizer um ao outro quais experiências tiveram consigo mesmos em relação à parceria, a mulher tentou repetidas vezes deixar claro para o marido como ela quis mudá-lo, a fim de que eles realmente pudessem voltar a viver juntos.

Inicialmente o homem ficou deprimido, gripado, recuperou-se mal e foi enviado pelo médico para um centro de recuperação. O tratamento, cheio de mimos, fez-lhe bem. Também fez amizade com outros homens, começou a praticar um tipo de esporte que sua mulher sempre negara categoricamente. Ele reconheceu que cuidar de si mesmo, tratar a si mesmo com carinho, desfrutar da tranquilidade também era um valor.

Visto que para ele a separação interior também se tornara uma separação exterior, o trabalho de luto lhe foi mais existencial. Ele começou a sentir falta de sua mulher, que regularmente o visitava, mas de maneira "separada"; sentia falta da maneira como ela o desafiava, e da mistura de eros e agressão que ela possuía, muito o estimulava, transmitia-lhe vivacidade. Ao mesmo tempo, porém, ele estava feliz pelo fato de ela não estar lá, porque, assim, sentia-se menos desafiado. Desse modo, podia mergulhar tranquilamente no torpor, mas depois sentia que já não podia sair dali por si mesmo, que não podia desenvolver, a partir de si mesmo, a vivacidade que sua mulher lhe transmitia. "Ela torna-me mais leve [disse ele], e sinto falta disso cada vez mais". Tornou-se consciente de que, ao perceber que sua mulher não lhe demonstrava "valorização" suficiente, ele tentava dominá-la, forçar o amor.

Agora ele mesmo pergunta a si mesmo se naquela situação ela poderia vivenciá-lo como um pai. Ele também suspirava pela afinidade erótica que ele tanto amara nela. Mas também se indagava: "Se eu lhe disser tudo isso, então admito que preciso dela. Será que por isso ela iria me 'oprimir' novamente?"

Um colega do centro de recuperação muito o ajudou na medida em que lhe chamou a atenção para o fato de que conceitos como "dominar" e "oprimir" apontavam para um sistema muito envelhecido; um sistema que só conhece superiores e inferiores, e não pessoas que convivem e se deixam conviver. Esse colega acabara de assumir como tarefa temporária de vida afastá-lo desses conceitos e dos pensamentos e comportamentos a eles associados, o que conseguiu pelo menos parcialmente. Devido a esse novo pensamento e às suas necessidades, ele passou a cultivar novas fantasias relacionais. A mais importante para ele era: "Vejo-me, com a minha esposa, em um passeio na região que antecede os Alpes. Ambos estamos animados. Às vezes tomamos o mesmo caminho, às vezes seguimos caminhos separados, conforme nos ocorre no momento. E cada vez que nos reencontramos, ficamos radiantes e nos alegramos". Em sua fantasia, os dois eram jovens e atraentes.

A fantasia expressa desejo de uma atitude realmente baseada em parceria; nela se acha uma forma de relacionamento que inclui separações, que respeita as necessidades de autonomia de ambos os parceiros e expressa a alegria de sempre se reencontrar.

A mulher achou essa fantasia relacional bastante estimulante. Com o passeio pela região pré-alpina, ele já se aproximara da excursão dela pela montanha com o jovem. Ela sugeriu, no entanto, que eles poderiam também tentar ver o modelo de relacionamento *pai-filha* como problema intrapsíquico de cada um deles e elaborá-lo de tal forma que tivessem finalmente integrado o modelo de relacionamento *Zeus-Hera*. Ela queria assumir responsabilidade pelo que havia de pai e de filha em si; ele deveria fazer o mesmo, uma vez que o modelo de relacionamento *mãe-filho* praticamente não foi eficaz. Para a mulher, isso significava que ela havia assimilado o relacionamento pai-filha quando se deixou tratar como filha e, em seguida, decidiu se permitir viver nesse aspecto de filha, mas também cuidar do marido de modo sororal e maternal. No entanto, ela também queria perceber se assumiria um papel paternal; acima de tudo, porém, queria se sacrificar ao desejo de um pai que coloca tudo em ordem, e realmente assumir a responsabilidade por suas ações.

Ele deveria sempre perceber quando corria o risco de representar o papel de pai ou de velho sábio para ela, e procurar evitá-lo, ou reagir sempre a isso. Contudo, ele também deveria sentir sua porção de filha, seu lado suave. Ambos estavam dispostos a ver esse modelo de relacionamento também como interação intrapsíquica; entretanto, no dia a dia não conseguiam impedir de se seduzirem a jogar o antigo jogo.

Um típico exemplo disso: a mulher deveria fazer uma exposição no grupo de mulheres. No entanto, ela jamais fez uma exposição desde que saiu da escola. Então se dirigiu ao marido e lhe perguntou: "Como devo fazer a apresentação?" Ele ficou muito alegre e começou a enumerar: 1º) Tens que...; 2º)...; 3º)...: 4º)...; e finalmente, apresenta a bibliografia. Ela ficou furiosa e disse: "Agora me tratas novamente como uma criança, agora me tratas como uma filha". Ele ficou magoado e indignado: "Mas tu mesma pediste ajuda. Se procuro ajudar-te, então a estou tratando como criança?" Ela respondeu: "Pedi ajuda, mas não quero receber ajuda assim".

E, em seguida, voltaram a brigar mais uma vez, como nos tempos antigos, até que lhes ocorreu que talvez eles tivessem, mais uma vez, voltado ao modelo pai-filha.

O que havia acontecido? Nela foi ativado o *velho sábio/meninha*. Ela queria fazer uma exposição fantástica, que a todos surpreendesse por sua maturidade. Mas essa pretensão também ativou a jovem dentro dela que tinha medo diante de tanta pressão. Como filha, correu realmente, de novo, até seu marido e exigiu a ajuda do pai, que ao mesmo tempo devia ser sábio. Ele assumiu imediata e gratamente esse papel, comportando-se como aquele que tudo sabe. Em vez de realmente ajudá-la, por exemplo, procurando saber dela o que pretendia com sua exposição, quais seriam suas teses principais, permitindo-lhe talvez explicar melhor algumas delas, de modo que, ao falar a respeito, ficasse claro o que ela pretendia, ele deu-lhe instruções, que sempre impedem a autonomia. Ele teve de aprender, e ela igualmente, em outras situações, que não se deve evitar ajudar-se mutuamente, mas que um ajude o outro de tal modo que, no processo, cada um seja estimulado à autoajuda.

7

Esposo-irmão e esposa-irmã: as relações de fantasia da solidariedade e do equilíbrio

Como são ternos teus carinhos,
minha irmã e minha noiva!
Tuas carícias são mais deliciosas do
que o vinho;
teus perfumes, mais aromáticos
do que todos os bálsamos.

As mandrágoras exalam seu perfume,
e à nossa porta há mil frutas deliciosas,
tanto frescas como secas,
que para ti, meu amado, reservei.
Quem me dera que fosses meu irmão,
amamentado aos seios de minha mãe!
Cântico dos Cânticos

O novo sonho de relacionamento

Para o casal, uma nova fase de relacionamento teve início a partir deste sonho da mulher:

> Estou em uma cidade vizinha. Procuro ali meu marido que tem um apartamento ou um escritório no edifício. Por que, não sei. Sei, porém, qual botão de campainha devo tocar. No entanto, depois de ter tocado a campainha, como se eu estivesse completamente familiarizada com esta situação habitacional, desejo, mesmo assim, assegurar-me uma vez mais de que apertei o botão correto. No letreiro está escrito: "Brudermann" [esposo-irmão].

O marido havia escutado atentamente a narração do sonho, fascinado, quando percebeu que isso tinha a ver com ele. Ficou contente pelo fato de a mulher buscá-lo no sonho, mas teve a sensação de que a persistência desse relacionamento interessava mais a ele do que a ela. Ele disse, radiante: "Se eu fosse teu esposo-irmão, então tu serias minha esposa-irmã".

"Esposo-irmão" e "esposa-irmã" tornaram-se, portanto, palavras-chave para uma nova fantasia relacional que eles imaginavam um com o outro. Nisso lhes ocorreu que a fantasia de relacionamento do homem do passeio na região pré-alpina podia ser incluída sem cortes nesta nova fantasia. As designações *esposo-irmão* e *esposa-irmã* se tornaram muito importantes para eles. As palavras *irmão* e *irmã*, por si só, teriam ocultado o componente erótico e sexual que era importante para ambos. Conhecemos a expressão "casamento de irmão e irmã" quando se quer designar um casamento no qual a sexualidade não tem importância.

Para ambos, no casal *esposo-irmão/esposa-irmã* exprimia--se uma forma de relacionamento na qual inicialmente o fraternal e o sororal são importantes, compreendidos como a possibilidade de estar um ao lado do outro, sem que fossem exigidas a dominação e a submissão. Consequentemente, a existência de uma solidariedade muito especial. No processo, também fantasiaram uma proximidade que permitia igualmente distanciamento, sem que devessem se imaginar abandonados: irmão e irmã simplesmente pertencem um ao outro como filhos dos mesmos pais, até mesmo quando preferissem não admiti-lo.

No ser irmão e irmã, ambos tinham a sensação de que estava expresso que, em caso de necessidade, um poderia recorrer ao outro. Inclusive, nas situações mais difíceis se poderia contar um com o outro. Nisso também se exprimia que se admite a impotência mútua, mas que também se pode contar com o apoio do outro; também seria possível suportar a distância um do outro porque há confiabilidade. Na expressão *esposo-irmão/esposa-irmã* ressoava para os dois todo o âmbito erótico-sexual, fundando-se no sentimento básico da fantasia relacional do poder confiar um no outro.

A sensação de poder abandonar-se ao outro, de ser permitido se comportar conforme a própria vontade, e também mostrar suas fraquezas, estava presente em todas essas fantasias relacionais, combinada com uma nova consciência de vida, de segurança e de alegria.

Os dois procuram viver da melhor maneira possível esta fantasia relacional. Obviamente houve recaídas, mas também puderam compreendê-las como indicações de que possivelmente não ousaram formular ou não perceberam necessidades que são importantes para eles.

Naturalmente, no caso da mulher, pode-se ver o sonho do "esposo-irmão" tanto como mudança de seu relacionamento com o masculino exteriormente quanto também como mudança do relacionamento do masculino com o feminino dentro de sua própria psique. Uma consequência do modelo Zeus-Hera no relacionamento deles era a intuição de que ambos os tinham – e têm – em si porções masculinas e femininas dominantes que, na época, não conseguiam aceitar. Inicialmente, a mulher não conseguia enxergar suas próprias porções masculinas; mas, mesmo assim, queria ser forte. Dentro de si bramia uma luta por identidade. Com a fantasia relacional *esposo-irmão/esposa-irmã*, ela encontrou de igual modo uma íntima conexão entre o masculino e o feminino, pela qual se sentia "equilibrada", porque o masculino não determinava tudo, nem tampouco o unicamente feminino.

Com esse casal tentei mostrar como uma mudança de relacionamento pode ocorrer dentro de uma parceria, o quão fortemente isso depende de quais fantasias relacionais dominam em ambos os parceiros e que novas fantasias, que um dos parceiros traz à tona, podem ser compartilhadas. A passagem de uma fantasia relacional vivenciada para uma nova fantasia é uma fase de transformação, frequentemente associada a uma crise, que é a oportunidade de redescobrir o parceiro em uma nova fantasia relacional.

Contudo, escolhi também este exemplo porque esse casal me parece ter as características de muitos casais de hoje que estão à procura de novas fantasias relacionais, nas quais várias fantasias podem estar em jogo ao mesmo tempo. Formas de relacionamento que incluem uma dinâmica de poder me parecem frequentes hoje em dia. Isso poderia estar associado ao fato de que a esfera do querer se autoafirmar é vista como mais valiosa do que a do querer se doar, entregar-se, de também perder uma vez...

Na fantasia de relacionamento esposo-irmão/esposa-irmã talvez pudesse se evidenciar uma nova forma de relacionamento entre as pessoas, de um modo geral, e não apenas no matrimônio. Forma essa que não se baseia no dominar, mas em um estar com o outro no mesmo nível, no qual os dois podem estimular-se a moldar criativamente o relacionamento, dando-se mutuamente a segurança fundamental, a confiança básica sobre a qual o relacionamento, alicerçado, pode realmente se desenvolver. Ambos se dedicariam ao relacionamento. Na fantasia relacional *esposo-irmão/esposa-irmã* nós, homens e mulheres, poderíamos talvez experimentar que certamente somos muito distintos, mas, na verdade, filhos da mesma vida, na forma de homem e de mulher. Talvez tivéssemos menos desconfianças mútuas, de modo que poderíamos ousar não apenas lutar, mas também amar.

O casal *irmão-irmã* é comprovado desde tempos imemoriais devido à sua importância para o convívio humano. No entanto, à exceção dos mitos com estruturas matriarcais como o mito egípcio de Ísis-Osíris – no qual Ísis é tanto a mãe quanto a esposa e a irmã de Osíris; portanto reproduz também o amor sexual entre os dois –, todas as demais histórias de irmão-irmã já contêm um tabu em torno do incesto. A importância desse relacionamento reside na recíproca oferta de proteção, no cuidado mútuo, que independe da atração erótico-sexual e, portanto, provavelmente também mais confiável, embora justamente a atração erótico-sexual possa levar esse casal de irmãos a falhar em sua tarefa de ser irmão um para o outro[65].

Esse apoio mútuo está expresso principalmente no drama *Ifigênia*, de Eurípedes, no qual Orestes jamais traz de volta a exilada Ifigênia. Vielhauer tem a opinião de que no casal de irmãos *Ifigênia- Orestes* oculta-se o casal de irmãos Ártemis-*Apolo*[66].

Entretanto, na fantasia relacional *esposo-irmão/esposa-irmã* não se trata de um casal de irmãos desse tipo, embora a característica do relacionamento irmão-irmã já se encontre aí; a saber: o apoio recíproco, a sensação de ainda ter sempre alguém em quem se pode confiar, juntamente com a "segurança de vida" a isso associada, bem como a sensação de

65. Cf. COCTEAU, J. *Les enfants terribles*. Paris, 1929.

66. Cf. VIELHAUER, I. *Bruder und Schwester. Untersuchungen und Betrachtungen zu einem Urmotiv zwischenmenschlicher Beziehung*. Bonn, 1979, p. 57–59.

equilíbrio entre homem e mulher. Vielhauer chama a atenção para o fato de que a mulher, até mesmo em culturas nas quais era considerada como propriedade à venda para um matrimônio, dentro da relação irmão-irmã, no entanto, tinha os mesmos direitos.

No relacionamento *esposo-irmão/esposa-irmã* trata-se desse aspecto fraternal e sororal, só que agora em conexão com eros e a sexualidade. Entre os casais mitológicos, Ísis e Osíris não me parecem, porém, o exemplo adequado para essa nova fantasia de casal, porque nesse mito, em seu papel de relacionamento, os dois não têm direitos iguais, e o mito da grande deusa do amor com seu filho-amante se faz sentir fortemente. Uma fantasia do tipo esposo-irmão/esposa-irmã me parece estar mais bem representada no Livro Cântico dos Cânticos.

Sulamita e Salomão

O Livro Cântico dos Cânticos foi escrito nos séculos IV a II a.C. Em seu livro *Heilige Hochzeit und Hoheslied*[67] [Núpcias sagradas e Cântico dos Cânticos], Hartmut Schmökel demonstra que no Cântico dos Cânticos se encontram diversos paralelos com o mito de Ishtar-Tamuz. Isso é evidente, mas tenho a impressão de que no Cântico dos Cânticos esse mito foi um pouco remodelado – não deformado –, no sentido de um relacionamento *esposo-irmã/esposa-irmão*. Passo a

67. SCHMÖKEL, H. *Heilige Hochzeit und Hoheslied.* Wiesbaden, 1956.

considerar o aspecto do Livro Cântico dos Cânticos e deixo de lado todos os outros ângulos que naturalmente também poderiam ser levados em consideração.

Sulamita e Salomão tratam-se como irmão e irmã; ao mesmo tempo, porém, têm uma maravilhosa história de amor juntos. Ora, não obstante a forma de tratamento "irmão" e "irmã" ser comum para uma pessoa amada naquele tempo, no Oriente, parece-me essencial que essas designações sejam utilizadas aqui.

Ambos participam em igual medida em seu galanteio, nos cânticos de amor do amante para a amada, e da amante para o amado, como também em suas juras de amor recíprocas. Em minha opinião, isso indica que o mito Ishtar-Tamuz foi transformado mediante influência patriarcal e levou a uma fantasia relacional que talvez hoje lentamente começamos a resgatar. A iniciativa do galanteio parte da noiva. Mas uma Ishtar poderia ter dito: "Leva-me contigo?" Dificilmente.

Cântico dos Cânticos

A noiva:
Sua boca me cubra de beijos!
Melhores do que o vinho são tuas carícias.
Melhor é a fragrância de teus perfumes,
teu nome é um perfume refinado;
por isso as jovens de ti se enamoram.
Leva-me contigo! Corramos!
Que o rei me introduza nos seus aposentos.
Queremos contigo exultar de gozo e alegria,

celebrando tuas carícias mais do que ao
vinho.
Com razão de ti se enamoram (1,2-4)

O cântico de louvor entre o amado e a amada ocorre em um diálogo totalmente equilibrado:

Ele:
Como és bela, minha amada!
Como és bela,
com teus olhos de pomba!

Ela:
E tu, como és belo, querido,
como és encantador!
O verde gramado nos sirva de leito!...

Ele:
...cedros serão as vigas de nossa casa,
E ciprestes serão o teto (1,15-17).

Ela:
Eu sou o narciso de Saron,
um lírio dos vales.

Ele:
Sim, como um lírio entre espinhos
é minha amada entre as jovens!

Ela:
Como a macieira entre árvores do bosque
é meu amado entre os jovens (2,1-3).

O noivo corteja, à medida que se dirige a ela como a uma irmã:

> Roubaste meu coração, minha irmã e minha noiva, roubaste meu coração com um só de teus olhares, com uma só joia de teu colar.
> Como são ternos teus carinhos, minha irmã
> e minha noiva!
> Tuas carícias são mais deliciosas do que o
> vinho;
> teus perfumes, mais aromáticos do que
> todos os bálsamos.
> És um jardim fechado,
> minha irmã e minha noiva um jardim
> fechado,
> uma fonte selada (4,9-10.12).

Ela responde à corte:

> És fonte de jardins, um poço de água corren
> te, um ribeirão que desce do Líbano.
> Desperta, vento norte!
> E tu, vento sul, vem soprar em meu jardim,
> para que se espalhem seus aromas!
> Que entre o meu amado em seu jardim para
> comer dos frutos deliciosos! (4,15-16).

No canto nupcial ela diz alegremente tudo o que tem para dar-lhe. Mostra-se, como em todo o canto, uma mulher com autoconsciência e grande liberdade.

> Eu sou do meu amado,
> e ele arde em desejos por mim.
> Vem, meu amado, saiamos ao campo!

Passaremos a noite nas aldeias!
Madrugaremos para ir aos vinhedos,
ver se as vides lançaram rebentos
ou se já se abrem suas flores,
se florescem as romãzeiras.
Ali te darei o meu amor.
As mandrágoras exalam seu perfume,
e à nossa porta há mil frutas deliciosas,
tanto frescas como secas,
que para ti, meu amado, reservei (7,11-14).

Quem me dera que fosses meu irmão, amamentado aos seios de minha mãe! (8,1)

Compreendo a expressão "Quem me dera que fosses meu irmão" em sentido simbólico, no sentido de uma fantasia relacional, pois o fato de ela poder beijar um irmão biológico na rua, sem que alguém levasse a mal, dificilmente poderia corresponder às conveniências da época.

O Cântico dos Cânticos conclui-se com a promessa de amor:

Põe-me como um selo sobre teu coração,
como um selo sobre teu braço!
Porque é forte o amor como a morte, e a paixão é implacável como a sepultura (8,6)[68].

Assim, parece-me que quem fala não é nenhum filho-amante, mas antes um homem que conhece o amor e a morte. Portanto, *esposo-irmão/esposa-irmã* parece-me uma

68. Citado conforme a tradução da Editora Vozes.

fantasia relacional – utópica? – nascida do mito matriarcal de Ishtar-Tamuz, apresentada convincentemente como um relacionamento equilibrado entre mulher e homem no Cântico dos Cânticos, reformulado pelo patriarcado israelita. Mediante este texto, foi transmitido ao mesmo tempo o papel antigo e autoconsciente da mulher, ironicamente também nos períodos do judaísmo e do cristianismo patriarcais, até nossos dias.

A existência relacional

No relacionamento entre amantes, as fantasias relacionais são as mais matizadas e, portanto, mais facilmente reconhecíveis. Os amantes entregam-se alegremente a tais fantasias e, desse modo, são atingidos e remodelados na profundidade de sua personalidade. Entram interiormente em movimento, e isso pode desencadear alegria, mas também medo. As fantasias de casais expressam – precisamente também em parcerias vividas – os desejos formulados e principalmente os não formulados, associados ao relacionamento. Quando admitimos uma mudança das fantasias relacionais, nelas se manifesta também o desejo de um relacionamento sempre cheio de vivacidade que pode, deve e admite mudar, assim como a vida sempre se modifica. Os vários "adeus" de nossa existência se mostram na necessidade de novas fantasias relacionais, em novos desejos de relações que, quando se tem sorte, podem ser também compartilhados inteiramente pelo antigo parceiro. Contudo, ter novas fantasias relacionais significa sempre também dizer adeus a antigos modelos de relacionamento.

Fantasias de relacionamento de diversos tipos, como *Shiva-Shakti, Ishtar-Tamuz, Ishtar-Hera, Merlin-Viviane, esposo-irmão/esposa-irmã*, que tomei como modelos, naturalmente parecem um pouco diferentes em cada pessoa. Eles também parecem subsistir uns ao lado dos outros, de modo que uma ou outra fantasia, a cada vez, é prevalente e domina o comportamento relacional. Essas fantasias são a expressão das várias possibilidades de ajustamento dentro de relacionamentos amorosos.

Observei que uma fantasia do tipo Shiva-Shakti, percebida mais ou menos conscientemente, subjaz a todos os casais que se amam, e que uma fantasia do tipo esposa-irmã/esposo-irmão parece anunciar-se em número cada vez maior de casais de nossa época.

Estas fantasias relacionais, no entanto, com suas imagens em constante mudança, não acontecem apenas em relacionamentos amorosos. Desenvolvemos essas fantasias em todos os relacionamentos e parceiros possíveis. Justamente as pessoas que não se encontram em relacionamento amorosos podem cultivar fantasias relacionais muito intensas. O anseio por um amor pode emprestar a tais fantasias relacionais uma intensidade muito grande e encher os fantasiadores com sentimentos de plenitude e de amor. Não é apenas um parceiro vivo que nos estimula a criar uma fantasia relacional e, desse modo, vê-lo em suas melhores possibilidades de vida e –

no relacionamento com ele – a nós mesmos em nova perspectiva. Os encontros com figuras oníricas também podem desencadear processos semelhantes, assim como encontros com figuras da literatura e dos filmes que nos impressionam. Então é como se tivéssemos esperado que alguém ou algo nos interpelasse para uma nova possibilidade de vida.

Todos nós temos, simultaneamente, várias possibilidades de relacionamento; quando nos deixamos interpelar por elas, relacionamo-nos de muitas maneiras – portanto, com pessoas, estímulos, coisas com as quais nos deparamos no mundo, que nos incitam, que fazem alguma coisa pôr-se em movimento em nós; e isso tem a ver com nossa individuação, com nosso processo de autorrealização. Com efeito, nem tudo pode nos estimular na mesma medida; ao contrário, precisamos ser receptíveis e perceber nossa receptividade, a fim de desenvolvê-la em nossa fantasia.

As fantasias relacionais têm a função de nos colocar em relação com o apelo do mundo no sentido mais amplo e com nossa resposta a isso, e na medida em que as moldamos, modelamos possibilidades de nossa personalidade que só podem realmente vir à luz nessa relacionalidade. Em última instância, nas fantasias relacionais damos forma aos nossos mais profundos desejos de superação do distanciamento em relação a outras pessoas, ao mundo, mas também aos nossos mais profundos desejos por uma totalidade cada vez maior. Quando nossas fantasias relacionais não são compartilhadas pelo parceiro, sentimos que são impostos também limites a esse esforço por totalidade, por conexão mais profunda, e que a separação é igualmente fundamental, o que justamente impulsiona uma e outra vezes o desejo por conexão.

As fantasias relacionais, sem que estejam conectadas a uma pessoa concreta, podem nos dar uma sensação de grande plenitude ou ser expressão de um desejo de busca por algo que corresponda a uma plenitude maior.

O sonho das núpcias sagradas

Uma mulher de 58 anos, que gosta muito de exercer sua profissão de professora, diz, com alguma tristeza, que houve muito amor em sua vida e que ainda há muito amor, mas ela não experimentou *o* amor. Jamais esteve tão apaixonada a ponto de largar tudo para ficar vinculada a essa pessoa e viver com ela com prazer. Ela se tornou consciente disso durante uma terapia; essa intuição encheu-a de tristeza e desejo, e ela procurou compreender sua forma de vida como seu destino. "Se o grande amor por uma pessoa não pode ser, então aceitarei assim seja".

Ela teve o seguinte sonho:

> Alguém abre um livro. Penso que poderia ser uma Bíblia. Pode-se ver uma imagem: um casal mui profundamente absorto um no outro; sem, no entanto, abraçar-se. A imagem muito me atrai. Contemplo-a longamente. Eis que os dois ganham vida. O homem parece o Rei Davi, a mulher é um pouco como Bet-

> sabeia. Na verdade, porém, ela tem minhas formas corporais, o que é curioso, pois não sou nenhuma Betsabeia.
> Fico particularmente afetada com o sonho, e acordo cheia de amor.

Essa sensação de amor perdura, ela diz admirada, sem que haja uma pessoa concreta a quem ama. Ela transborda de amor, e agora tem a certeza de sentir o que é o amor. Descreve seus sentimentos da seguinte maneira: "Tenho a sensação de que agora, por um instante, tudo é 'pleno'. Estou em consonância comigo mesma, com a vida, com o que é difícil e com o que é pesado. Comecei a imaginar Davi como um homem real – deve ter sido bastante difícil. Em seguida, desenhei-o..." Vagarosamente, ela aproximou-se de "seu" Davi interior; posteriormente, também da figura de Betsabeia. Admitiu para si que sempre se proibira ser tão sedutora. O ocupar-se com essas figuras oníricas, que também são figuras bíblicas, coloca-a em contato com aspectos importantes de sua identidade feminina, enchendo-a com sentimentos de amor.

É o amor que, por assim dizer, empresta asas a essas fantasias relacionais, mas também, ele mesmo é alimentado por elas. É difícil determinar – e provavelmente também não é necessário sabê-lo – se é a fantasia relacional ou o amor que nela se expressa que faz com que nós experimentemos nova atitude perante a vida quanto à plenitude da existência, da esperança, do encanto da criação, associados à sensação de estar em casa, mas também a intuição de ser capaz de transcender toda a cotidianidade, sim, de experimentar a transcendência no amor. Então, assim tão amoroso, o ser humano arrisca-se inteiramente, esgota-se no sentimento de poder dar, de poder doar-se. Isso, porém, por sua vez, reaviva a fantasia relacional, eleva o amor.

Esta postura diante da vida também pode estar ligada ao mundo do cotidiano, do que opõe resistência; ou seja, que nós, conscientes deste aspecto, compreendamos a oposição – aquilo que constantemente se contrapõe a nós de maneira inibidora – como *um* aspecto da existência humana, e não como a *totalidade* da existência humana; isto é, que possamos lidar com as resistências de maneira igualmente carinhosa e, desse modo, mudá-las também.

Tomamos parte no amor e participamos do mundo no cotidiano. Com isso não quero dizer que o amor seja primariamente um sentimento que existe entre as pessoas. O amor é, antes de tudo, *um sentimento meu*, do qual sou apoderado, que brota em mim; ao mesmo tempo, porém, ele sempre busca uma conexão com um tu, seja este um parceiro amoroso, uma coisa, a natureza, Deus. Considero o amor aquilo que prazerosamente une o que está separado e, no entanto, sabe que, em última instância, devemos permanecer indivíduos. O amor cria relacionamento, mas também existem relacionamentos nos quais praticamente não acontece o amor. Ele sempre tem um aspecto de imprevisibilidade, mas também de gratuidade. O relacionamento, a relacionalidade são mais sóbrios, muito mais dependentes de minha decisão.

Entrar em um relacionamento, no entanto, pode ser o primeiro passo para que o amor possa germinar. Com efeito, *entrar em um relacionamento* significa abrir-se a outra pessoa, ser também interpelado por um tu, deixar-se compreender, partilhar algo com um tu, também no sentido do compartilhar e da participação no outro. Deixar-se interpelar por um tu, partilhar, abrir-se, tomar parte um no outro são aspectos do amor, sem que constituam a sua essência.

Entretanto, com esse deixar-se interpelar, as fantasias relacionais começam a criar uma realidade relacional; deixar-se sempre interpelar uma ou outra vez, mesmo por meio de um parceiro "antigo" em um relacionamento vigente, isso sempre torna possível a irrupção do amor.

Esse entrar em um relacionamento, que corresponde intrapsiquicamente à irrupção de fantasias relacionais, traz uma atitude amorosa. Nós não podemos "fazer" o amor, mas todos podemos nos esforçar por uma atitude amorosa.

Em relação à vida, duas atitudes correspondem à participação no mundo do cotidiano e no mundo do amor: a "atitude de domínio", como pretendo chamá-la, e a "atitude amorosa". No caso ideal, estas duas atitudes se misturam; no pior dos casos, resvalamos para uma das duas.

Para a atitude amorosa, tudo adquire alma, tudo obtém um valor em si mesmo. Ela é atenciosa e tem em vista aumentar e ampliar todas as coisas com as quais entra francamente em relacionamento; na atitude amorosa nós nos doamos, ousamos sair de uma posição de plenitude na qual não precisaríamos acumular. A atitude amorosa deixa o outro livre. Ela é terna em sentido abrangente. Seus gestos são o abraçar e o largar novamente, o acariciar – com palavras, com as mãos, com os olhos e assim por diante. Sua imaginação é a imaginação do crescimento, do desdobramento, sem grandes investidas. A atitude amorosa não é nada "doce"; muitas vezes está aberta ao emocional, vinculada à verdade do coração e geralmente pronta a interpelar incoerências – até mesmo agressivamente. Uma atitude amorosa não deve ser confundida com tendências de harmonização. A atitude amorosa tem em mente o tu; na tendência de harmonização trata-se do eu.

A "atitude de domínio" tem a ver com a realização dos desejos, visa que o esforço e o lucro se mantenham pelo menos equilibrados, ou então, que o rendimento seja maior. Trata-se do domínio e do usufruto. Enquanto a atitude amorosa deixa o outro livre, aqui o outro ou o Outro são utilizados para minhas ideias; são medidos e indagados a propósito da conveniência, não da plenitude. Os gestos da atitude de domínio são o agarrar, o levar a um local adequado, o empurrar e o arrastar, o eliminar. Sua imaginação é a imaginação da ordem, do domínio, da execução. A atitude de domínio sabe como as coisas devem se comportar, como o tu deve se portar, mas não sabe deixar as coisas crescerem, como a atitude amorosa o faz a partir de sua empatia. A atitude de domínio pode derivar para uma atitude de pura manipulação. Se realmente somos pessoas humanas que – para recorrer a uma expressão de Ludwig Binswanger[69], a quem agradeço muito estímulo para o tema – estamos "no mundo" e, ao mesmo tempo também, "além do mundo", sempre tomaremos parte em ambas as atitudes, pelo que me parece que devemos primeiramente aprender novamente a apreciar corretamente a atitude amorosa em seu valor. Por isso, trato-a aqui preferencialmente: gostaria de torná-la cativante para nós.

De fato, a atitude amorosa é a possibilidade de não resvalar para a destrutividade e para a pura manipulação. Ela provavelmente nos traria de volta a alegria e, portanto, a vitalidade. Mas também nos levaria para o mundo das fantasias relacionais e nos levaria a nos incrementar mutuamente, a promover uns aos outros, em vez de passarmos ao largo uns dos outros. Naturalmente, a atitude de domínio é também importante, pois mesmo no mais belo amor, a vida precisa ser resolvida, e muitas fantasias relacionais são rapidamente desiludidas quando o dia a dia mostra de modo demasiado brutal que a pessoa que foi vista de maneira tão maravilhosa, tão impressionante, malogra nas atividades mais comezinhas.

No entanto, sou da opinião de que o "dominar" é muito mais praticado do que o ser amoroso, que uma "atitude amorosa de domínio" em relação à vida seria, porém, adequada se quiséssemos explorar toda a nossa humanidade e, portanto, tornar-nos mais satisfeitos e seguros em nossos relacionamentos.

---

69. BINSWANGER, L. *Grundformen und Erkenntnis menschlichen Daseins*. Munique/Basel, 1962.

As fantasias relacionais estão a serviço da relacionalidade com o tu, com o mundo, mas também com a própria profundidade. Nelas expressa-se uma dinâmica da vida que nos permite sempre mais chegar a nós mesmos – ao tu, na relacionalidade com o tu, com o mundo.

Embora alguém possa se decidir pelo abrir-se, pelo partilhar, pelo compartilhar com os outros, e também pela atitude amorosa – portanto, pelo relacionamento e pela relacionalidade –, a ultrapassagem para o amor é algo que pode ou não acontecer. A pessoa pode apenas manter-se aberta a isso, mas também deve fazê-lo.

8 *Anima* e *animus* ou a ânsia pelo totalmente Outro

Anima e *animus* são forças efetivas arquetípicas que podem atuar na psique do homem e da mulher, também independentemente da orientação sexual. Precisamente a interação entre *anima* e *animus* em cada pessoa humana parece-me de grande importância e significado, tanto para a vivência da própria identidade quanto para as fantasias de relacionamento que, essencialmente, são a expressão dessa interação entre *anima* e *animus* e que subjazem a todo relacionamento mais profundo.

As forças efetivas arquetípicas da *anima* e do *animus* sempre permanecem também um tanto misteriosas. Nelas, para além de toda explicabilidade, está contida uma abundância de sentido que se expressa principalmente como desejo pelo totalmente Outro.

Por que Jung escolheu conceitos assonantes?

Tradicionalmente, tanto o *animus* quanto a *anima* são compreendidos como alma, espírito; o *animus*, de preferência, como o pensar, o sentir, o querer; a *anima,* como a forma feminina, sobretudo como o princípio receptivo no ser humano. Os antigos gregos e romanos pensavam que, na morte, a alma, o princípio vital, a *anima,* deixaria o corpo. Era possível dizer também que o espírito, o *animus* teria deixado o corpo. Com frequência, *anima* e *animus* se pertencem mutuamente – são, porém, a forma feminina e masculina da mesma realidade – como princípios que se completam mutuamente no sentido criador ou também destruidor, e compõem o mistério da vida.

Assim, por exemplo, no poema didático *De rerum natura* (Sobre a natureza das coisas), de Lucrécio, a *anima* é distribuída por todo o corpo, e ele a considera irracional, ao passo que o *animus,* como parte mais racional, estaria localizado no peito. De acordo com Lucrécio, *anima, animus* e corpo são, no entanto, interdependentes; só são eficazes em cooperação. Quando Jung descreve o *animus* como espírito, ele formula a visão tradicional segundo a qual a alma, que, afinal, anima o corpo e, por conseguinte, perde-se no sensitivo-emocional, deve ser recuperada de sua "perda" pelo espírito.

Anima e *animus* são, no final de contas, noções para a animação do corpo de diversas maneiras; são, por fim, noções para algo intangível, misterioso, que aponta para uma unidade[70].

---

70. Para exposição e discussão detalhadas dos conceitos de *anima* e *animus* em C.G. Jung, cf. KAST, V. *Anima/animus.* In: PAPADOPOULOS, R.K. (ed.). *The Handbook of Jungian Psychology.* Londres/Nova York, 2006, p. 113-129.

Anima e *animus* na projeção: nós nos apaixonamos

O conceito de *anima* e *animus* se tornou popular porque nos ajuda a compreender por que nos apaixonamos. Neste conceito, torna-se particularmente evidente como age a projeção de imagens arquetípicas. Se nosso encontro com outra pessoa for de tal forma que possamos projetar sobre ela as imagens da *anima* ou as imagens do *animus*, então ficamos fascinados, apaixonados, estamos certos de ter encontrado a pessoa de que precisamos para nossa felicidade. Isso não é algo garantido: encontramos diversas pessoas que nos são até simpáticas e de quem gostamos, mas que não despertam este forte fascínio e paixão. Não raro, vemos uma pessoa com a qual, encantados, entramos em contato, não como ela realmente é, também não queremos realmente conhecê-la. Para que, se nosso sentimento nos sugere que já a conhecemos desde "tempos imemoriais", tão familiarizados estamos desde o primeiro momento? Esta é uma consequência da projeção do *animus* ou da *anima*, ou do casal *Animus-Anima.* Neste processo, não é incomum que se leve a outra pessoa a se comportar de acordo com as imagens; ou seja, projeta-se um conteúdo psíquico, e o outro ou a outra assume essa projeção, comportando-se em conformidade com ela. As pessoas que alimentam para si tal projeção podem, por sua vez, identificar-se com ela. Assim, por exemplo, uma mulher sente-se finalmente vista em seu valor, quase como uma deusa, mas também se sente pressionada a representar a mulher que o homem vê nela. Se, por acaso, a projeção desaparece, ela recai na existência rotineira e percebe que se perdeu nesse voo altaneiro. É o que narra uma mulher que foi temporariamente "endeusada" por um homem: "Eu me imaginava como um veleiro – a todo vapor. Então, de repente, ele olhou-me tão desiludido – e, para mim, foi como se me fosse tirado todo o vento das velas –, e já não saí do lugar. Em seguida, fiquei muito zangada: como posso conceder a outra pessoa tal poder sobre mim?"

Sob a influência de uma projeção intelectual do *animus*, um homem pode se elevar subjetivamente a imensas "alturas espirituais", e nisso se perder de igual modo. Se ele e suas expressões forem observados de maneira mais crítica, então o voo altanado não se sustenta. Algumas mulheres, em determinados períodos de sua vida, ficam literalmente à mercê de homens que são capazes de falar maravilhosamente, produzindo verdadeiras obras de arte fraseológicas. Eis que uma mulher, normalmente inteligente, autônoma, pende dos lábios de um homem e se comporta como ouvinte deslumbrada, sem ponto de vista próprio. Ela espera desse homem aquilo que mais lhe parece faltar na vida naquele momento; encontrou alguém que atualmente corresponde à imagem atual de seu *animus*. Ao projetar a imagem do *animus* enérgico, o homem se torna supostamente o solucionador de todos os problemas, até que ela nota – ou também não – que as soluções não lhe são adequadas.

Essas imagens arquetípicas são tão poderosas que – caso sejam projetadas – os portadores e portadoras de projeção chegam a orientar seu comportamento por ela a tal ponto de se verem abandonados e em apuros. E isso – conforme a teoria de Jung – porque o homem projeta sua *anima* na mulher e a mulher correspondente reage em resposta a uma imagem interior ativada no homem nesse período; a mulher, consequentemente, projeta seu *animus,* e o homem comporta-se em resposta a isso.

Se as forças eficazes da *anima* ou do *animus* forem evocadas e consteladas por um semelhante, ficamos fascinados por uma pessoa que julgamos conhecer profundamente e há séculos, embora, na realidade, nem sequer a conheçamos. No caso desse fascínio, tão condicionado pelo incondicionado, trata-se de amor, vida ou morte. Tal fascinação é muito séria, e quando algo é seriíssimo, na maioria das vezes está em jogo a vida. A constelação de *animus* e *anima* corresponde, quando pode ser assumida, a um suplemento na própria vida perante a morte; trata-se da maior vivacidade e desafio, de um desenvolvimento interior fundamental.

O fascínio, o estar enfeitiçado, cativado expressa-se no enamoramento como eros, desejo, inspiração: a fantasia torna-se viva, surge maior proximidade em relação ao inconsciente, e uma nova autopercepção se configura – finalmente a pessoa encontrou a parte que sempre lhe pertenceu e que faltava até agora. Naturalmente, esta pessoa podia desencadear a projeção, mas ela, como personalidade, não é tão importante; importante é a imagem com que a revestimos. Isso, em seguida, muitas vezes leva à decepção quando, em um relacionamento mais próximo, constata-se que a parceira ou o parceiro não corresponde a essa imagem. A outra pessoa não é percebida como o outro, não é vista em sua unicidade, mas como portadora ou portador de uma imagem da própria psique.

Há também uma projeção de *animus* e de *anima* como casal que pode desencadear profundo amor mútuo e permite que os dois experimentem em si aspectos que antes não eram acessíveis. Certamente, no começo, a visão do parceiro é idealizadora – imagens arquetípicas significam sempre o ideal –, mas justamente a lembrança do tempo do amor idealizador ajuda a lidar com as inevitáveis decepções e a ver cada vez mais, pouco e pouco, a pessoa singular. Não era apenas uma projeção, era igualmente uma visão: potencialidades ainda não realizadas em outra pessoa são fortalecidas pela projeção; são, assim, intuídas, talvez até mesmo "vistas". Essas potencialidades podem, em seguida, ser desenvolvidas no relacionamento amoroso.

Transformações de um conceito

Na maioria das vezes, o conceito de *anima* e *animus* é compreendido de maneira simplificada: a *anima* como o feminino no homem, o *animus* como o masculino na mulher. A confusão começa aí. Naturalmente, este pensamento combina com a ideia da compensação e da totalidade que atravessa o pensamento de Jung. Biologicamente, é inquestionável que temos em nós também aspectos do sexo oposto. Entretanto, os papéis socialmente definidos de mulher e de homem foram cada vez mais diluídos; obviamente, mulheres também vivem aquilo que antigamente era considerado "masculino"; por exemplo, dirigem empresas; inversamente, homens trocam fraldas de bebês, o que outrora foi entendido como "atividade feminina". Tais mudanças não estão associadas ao fascínio pelo sexo oposto. Muitas coisas que em outros tempos eram consideradas "masculinas" ou "femininas", hoje são compreendidas como "humanas".

Infelizmente, com essa simplificação ainda corriqueira não se faz jus ao conceito *anima-animus*. A *anima* e o *animus* são considerados por Jung como imagens arquetípicas; ou seja: se tais imagens forem vividas nos relacionamentos, surge o fascínio ou também grande rejeição; se aparecerem no sonho ou em figuras na imaginação, devem estar ligadas a uma alta emotividade, percebidas como significativas, a fim de poderem ser qualificadas como *anima* ou *animus*. Quando as imagens não apontam para essa intensidade emocional, em minha opinião trata-se apenas de os homens terem sua atenção atraída para traços femininos e mulheres atraídas para traços masculinos, que no período de vida atual são úteis ou incômodos – o julgamento "feminino" e "masculino, em essência, é um construto da respectiva sociedade e da correspondente situação temporal.

O conceito de *anima* e *animus* também pode sancionar o "feminino" e o "masculino", nomeadamente quando Jung fala conteudisticamente de *anima* e *animus* – por exemplo, que a *anima* personifica o Eros, e o *animus* o Logos; então, quando não se separam claramente essas imagens interiores dos aspectos conscientes da personalidade, o conceito pode levar facilmente a implicações específicas de gênero – nessa altura, de repente, mulheres correspondem ao princípio Eros, homens ao princípio Logos. No entanto, os dois provavelmente precisam de ambos, do Eros e do Logos[71].

Algumas mudanças neste conceito devem ser feitas; visto que Jung em parte alguma falou de arquétipos específicos de gênero, pode-se supor que, provavelmente, a *anima* e também o *animus* sejam símbolos arquetípicos que ocorrem em ambos os sexos[72], com muita frequência até mesmo como casal.

Anima e *animus* no homem e na mulher

A justificação por que *anima* e *animus* ocorrem em ambos os sexos é, de um lado, fenomenológica: os símbolos que são compreendidos como *animus* ou *anima*, associados a uma emoção específica, devem ser identificados em ambos os sexos, tanto na experiência quanto nos sonhos.

Em um nível mais teórico: enquanto Jung fala do que há em comum entre *animus* e *anima* ele está descrevendo nada mais do que arquétipos, compreendidos como modelos biológicos básicos atuantes em cada ser humano, que são

---

71. Cf. JUNG, C.G. *Mysterium Coniunctionis* [OC 14/1]. Petrópolis: Vozes, § 218ss.

72. CF. HILLMANN, J. Anima. In: *Gorgo*, 5, p. 45-81, 1981.

conectados com as respectivas realidades vitais e, portanto, agem como típicos portadores de informação e organizadores de informação e de emoção. Que eu saiba, não existe nenhuma passagem na obra junguiana onde ele fale de arquétipos específicos de gênero.

Jung parte do princípio de que o *animus* compensa "a consciência feminina" (Eros), e a *anima*, em contrapartida, "a consciência masculina" (Logos)[73]. Aqui, em primeiro lugar, sobressai-se que a psicologia das mulheres é simplesmente concebida como a contraparte da psicologia dos homens – uma visão comum no começo do último século; a qual, por sorte, mudou um pouco. Mesmo que tal visão hoje nos deixe perplexos: o homem e a mulher já são vistos aqui como "o outro", "a outra", "o Outro", sem que esse conceito, no entanto, seja formulado.

Em relação à argumentação de Jung, obviamente se deve indagar se o conceito de uma consciência "feminina" ou "masculina" deve ser mantido. Hoje, neurocientistas, filósofos, psicólogos e estudiosos de outras disciplinas buscam descobrir como a consciência poderia ser compreendida. Atualmente, Emrich descreve o despertar da consciência como resultado da comparação dos dados sensoriais recebidos com um modelo de realidade concorrente intencional[74]. Damasio é da opinião de que a percepção das emoções como

73. Cf. JUNG, C.G. *Mysterium Coniunctionis* [OC 14/1]. Op. cit., § 218s.

74. Cf. EMRICH, H.M. *Psychiatrische Anthropologie: Therapeutische Bedeutung von Phantasiesystemen – Wirklichkeitsrelativismus und Sinnfrage*. Prefácio de H. Lauter e R. Spaemann. Munique, 1990, p. 122.

sentimentos poderia explicar a consciência[75]. As duas ideias não se contradizem. Assim compreendida, a consciência não pode ser vista como "feminina" ou "masculina". Neste contexto, deve-se criticar também a ideia de Jung, segundo a qual o primeiro fator formador de projeção no filho seria a mãe, e na filha, o pai[76]. Isso significaria que, no caso do filho, no começo da vida, somente a mãe poderia evocar imagens interiores do arquétipo da mãe; no caso da filha, apenas o pai poderia evocar imagens do arquétipo do pai. No entanto, deve-se supor que, no caso de um bebê, não importa de que sexo – seja mediante o relacionamento, seja por meio de uma disposição inata –, mãe *e* pai atuam como "fatores de produção de projeção", e no começo da vida, o "campo materno", do qual participam todas as pessoais relacionais, é mais determinante[77].

Há diversas razões para supor que as imagens arquetípicas de *anima* e *animus* estão presentes em todas as pessoas. Agora se deveria investigar se existem diferenças específicas de gênero na fenomenologia e na função. No entanto, é provável que a coloração da *anima* e do *animus* seja maior mediante complexos pessoais do que o são as diferenças específicas de gênero. Os complexos pessoais são experiências relacionais difíceis internalizadas que se tornam padrões internos emo-

---

75. Cf. DAMASIO, A.R. *Ich fühle also bin ich – Die Entschlüsselung des Bewusstseins*. Munique, 2000, p. 204ss.

76. Cf. JUNG, C.G. *Aion* [OC 9/2]. Petrópolis: Vozes, § 28.

77. Cf. KAST, V. *Vater-Töchter, Mutter-Söhne – Wege zur eigenen Identität aus Vater- und Mutterkomplexen*. Stuttgart, 1994/2005, p. 88.

cionalmente carregados e que determinam as expectativas dos relacionamentos[78].

Quanto à imagem arquetípica da *anima,* já existe um trabalho empírico no qual está comprovado que a *anima* pode se manifestar em ambos os sexos, pelo que existem diferenças específicas de gênero que estão associadas ao estereótipo social. Assim, os homens parecem projetar preferencialmente a *anima* em uma mulher concreta; nas mulheres, muitas vezes ela permanece uma numinosa figura interior de grande beleza.

Anima e *animus* surgem frequentemente como casal em sonhos e fantasias. Entretanto, arquetipicamente se trata do casal das "núpcias sagradas", da sizígia. Para a práxis terapêutica, isto significa que para cada acentuação unilateral da *anima* ou do *animus*, a respectiva correspondência pode ser encontrada ou em sonhos ou em fantasias – ou deveria ser buscada nas fantasias. A questão sobre "qual figura da *anima* acompanharia uma figura dominante do *animus* e, portanto, também a relativizaria?", é terapeuticamente mais apropriada e eficaz do que a queixa de que determinada pessoa sofre de uma constelação demasiado dominante do *animus*[79].

---

78. Cf. KAST, V. *Konflikte anders sehen – Die eigenen Lebensthemen entdecken.* Friburgo i. Br., 2008.

79. Do que diz respeito a Jung, era indisfarçável que para ele a *anima* era algo valioso, por que vale a pena esforçar-se; o *animus,* ao contrário, geralmente era uma fonte de aborrecimentos; destarte, as mulheres que, segundo sua teoria, "apenas" têm um *animus,* encontram-se novamente em uma posição pior do que os homens, como sempre, desde Aristóteles. Uma teoria também se desenvolve por meio do uso cotidiano: a teoria junguiana

Nos sonhos também se expressa claramente que um equilíbrio entre *animus* e *anima* é buscado como autorregulação[80]. A título de exemplo, apresento o sonho de uma mulher de 32 anos:

> Um homem louro, mais ou menos de minha idade, encontra-se perto do mar. Observo-o. Ele tem olhos pelos quais estou completamente encantada, por meio dos quais consigo ver as profundezas da água. Ele está bastante perto de mim e completamente distante; apodera-se de mim um desejo por ele, embora ele esteja diante de mim, mas de algum modo, no entanto, é inalcançável. No fundo do mar, vejo uma jovem acorrentada. Não quero ver isso, penso. É somente um sonho, e acordo.

---

do *animus/anima,* no caso, principalmente por terapeutas. Contudo, uma teoria é simplificada, às vezes deturpada, mas nessa simplificação, frequentemente uma suposição básica se expressa de maneira mais nítida do que na teoria formulada de modo diferenciado. Assim, no jargão analítico, a *anima* se tornou algo a respeito do qual, na maioria das vezes – exceto no caso de haver obsessão pela *anima* –, deve-se falar com respeito e reverência. Em contrapartida, o conceito de *animus* tornou-se uma maneira de desqualificar o desempenho de uma mulher: "É que ela teve tão-somente um bom *animus*"; com isso, se quer dar a entender que ela, em troca, já perdeu bastante do feminino. No uso da palavra *animus* ressoa levemente a avaliação: "Isto não deveria ser". A consideração de que a atitude assumida por uma mulher é "característica do *animus*" pode levar ao silêncio uma mulher que está familiarizada com esse jogo de palavras, caso ela já não tenha desenvolvido tanta autonomia a ponto de ser capaz de questionar o jogo de palavras; o que naturalmente tem novamente a ver com o seu *animus*. Essa desvalorização não faz jus, de maneira alguma, ao conceito de *animus*; mas fala, antes, da irrefletida guerra dos sexos.

80. Cf. KAST, V. *Träume...* Op. cit.

Para a sonhadora, este homem loiro tem as qualidades do homem misterioso, fascinante, não realmente tangível, indicando-lhe que no fundo do mar, no fundo do inconsciente, há uma mulher acorrentada. A sonhadora não vê realmente essa mulher, mas considera que deve ser uma mulher especial, visto que consegue viver lá embaixo sem ar. Neste sonho, está representado um casal, uma conexão entre *animus* e *anima,* como eu o caracterizaria, em que a *anima* deveria ser urgentemente libertada – a ainda desconhecida *anima* de uma mulher!

Assumindo-se que *anima* e *animus* ocorrem em ambos os sexos, então a teoria junguiana deve ser modificada no sentido de que o conceito de sombra permanece reservado para conteúdos do inconsciente que não podem ser aceitos pela consciência ou pelo ideal do eu; os grandes símbolos da totalidade e da unidade dos opostos, em sua maioria abstratos, como, por exemplo, o círculo ou a esfera, poderiam ser considerados como símbolos do si-mesmo.

***Anima* e *animus*: arquétipos do vínculo e do relacionamento**

Anima e *animus* são imagens arquetípicas que regulam o relacionamento no mais amplo sentido: o relacionamento com um tu, as relações amorosas, eróticas e sexuais, mas também a relação com o mundo interior desconhecido, com a transcendência, com o totalmente Outro. Por isso, podem ser descritos como *arquétipos de relação e vínculo*.

Considerados do ponto de vista da psicologia do desenvolvimento, a *anima* e o *animus* inicialmente estão associados à relação e ao vínculo com a mãe e o pai; em seguida, com o complexo materno e paterno, como as difíceis experiências relacionais interiorizadas com a mãe e o pai. As imagens arquetípicas da *anima* e do *animus* também são matizadas por esses complexos. A dinâmica associada à *anima* e ao *animus* leva a que o complexo do eu possa se diferenciar sempre mais desses complexos parentais; o eu tem maior contato com o próprio centro, com o si-mesmo. A pessoa encontra sempre mais a própria identidade[81]. Estruturalmente, o si-mesmo é considerado como arquétipo da ordem e da autocentralização; a partir desta dinâmica, é o arquétipo que estimula a autorrealização e a integração do que está dividido. O si-mesmo, portanto, é visto como o arquétipo da ordem e da centralização, de onde brota um impulso para o desenvolvimento e para a autorrealização.

Símbolos da *anima* e do *animus*: fenomenologia

Baseando-me em cerca de 600 sonhos e fantasias reunidos que apontam para uma figura do *animus* ou da *anima*, tentei apresentar uma primeira categorização. O critério para

81. Cf. KAST, V. *Trotz allem Ich – Gefühle des Selbstwerts und die Erfahrung von Identität*. Friburgo i. Br., 2003/2008.

classificar tais figuras como *anima* ou *animus* foi uma contratransferência arquetípica: o sonho ou o exemplo literário escolhido devia desencadear a emoção do fascínio e da numinosidade. Estudantes e colegas de ambos os sexos formaram grupos de controle. Se, nesses grupos, eram desencadeados, também em sua maioria, sentimentos que levassem a inferir um arquétipo, o sonho correspondente e a fantasia correspondente eram levados em conta para a classificação. Daí resultou a seguinte classificação:

1) Figuras de autoridade: por exemplo, professor e professora, políticos e políticas, sacerdotes e sacerdotisas, reis e rainhas. Em geral, essas figuras estavam próximas das imagens ideais de pai e de mãe.

2) Figuras de irmão e de irmã com qualidade arquetípica.

3) Estranho misterioso, estranha misteriosa: por exemplo, tritões, ciganos e ciganas, estranhos extraterrestes, a morte como irmão ou irmã morte, deuses e deusas.

4) Velho sábio, velha sábia.

5) O menino desconhecido, a menina desconhecida. Essas figuras estão associadas ao arquétipo da criança divina e parecem representar estádios de desenvolvimento da *anima* e do *animus*; novas configurações de *anima* e de *animus* são apresentadas frequentemente no símbolo da criança desconhecida e fascinante.

Por meio de várias discussões com colegas e estudantes de ambos os sexos, cresce a convicção de que, na verdade, somente as categorias do estranho misterioso ou da estranha misteriosa, bem como do velho sábio, da velha sábia e da criança divina preenchem a qualidade arquetípica de *anima* e *animus*. No entanto, também constatamos – de outra sorte não se teria dado também a contratransferência arquetípica – que o aspecto do estranho misterioso ou da estranha misteriosa está incluído em todas as outras categorias acima apresentadas. Este fato tem uma importante implicação clínica:

Se interpretarmos uma figura de autoridade exclusivamente como algo derivado do complexo paterno ou materno, e do complexo de autoridade associado a isso, então nossa compreensão do símbolo é unilateral, e não fomentaremos justamente a separação do complexo do eu dos complexos parentais e, portanto, não contribuiremos para o desenvolvimento, para maior autonomia, como também para o amadurecimento da personalidade. Tal compreensão pode até mesmo intensificar a fixação nesses complexos, nomeadamente por meio da sensação de que, seja como for, nada jamais mudará. Todavia, reconhecendo-se também a dimensão do estranho misterioso ou da estranha misteriosa dentro dessas figuras de autoridade, permite-se que esta dimensão se desenvolva pictoricamente mediante a imaginação; então à nossa compreensão do sonho e à experiência do sonhador ou da sonhadora descortina-se uma dimensão voltada para o futuro e associada à esperança. Desse modo, o complexo perde algo de seu poder que tudo determina, e indicam-se caminhos para o desenvolvimento; com muita frequência, desperta-se também um desejo pelo misterioso estranho na própria alma. No *animus* da autoridade e na *anima* da autoridade, um pouco menos no *animus* irmão e na *anima* irmã, estão condensadas várias experiências: o trabalho com essas imagens de *anima* e de *animus* deve libertar diversas dimensões e nuanças que potencialmente estão aí contidas. Se nelas virmos apenas os efeitos secundários dos pais, das mães, dos irmãos e das irmãs pessoais, então a psique se torna um túmulo da família. Naturalmente, os complexos parentais e fraterno-sororais têm influência sobre a imagem do estranho misterioso e da estranha misteriosa, e também matizam essa experiência arquetípica. Caso a *anima* e o *animus* ainda sejam claramente influenciados pelos complexos parentais, a parceira e o parceiro são escolhidos segundo imagem da mãe, segundo a imagem do pai.

Entretanto, se nos for possível observar e interpelar este nível do estranho misterioso, da estranha misteriosa, então abrimos o complexo do eu à influência do inconsciente coletivo e ajudamos as pessoas a descobrirem espaços em sua alma que não são determinados pelos relacionamentos com o pai, a mãe e os irmãos. Este caminho também conduz à espiritualidade, a experiências de conexão com todas as coisas[82].

82. Para uma apresentação detalhada dessa problemática cf. KAST, V. *Animus* und *Anima* zwischen Ablösung von den Eltern und Spiritualität. In: FRICK, E.; HUBER, R. (eds.). *Die Weise von Liebe und Tod Psychoanalytische Betrachtungen zu Kreativität, Bindung und Abschied*. Göttingen, 1998.

Anima e *animus* como casal

No trabalho com pessoas enlutadas, descobri que elas conseguiam se despedir mais facilmente de um falecido quando sabiam quais fantasias estavam associadas ao seu amor e a seu relacionamento[83]. Essas fantasias podem ser lembradas quando se conecta ao sentimento a época do primeiro enamoramento e se atualiza outra vez o que se queria ser um para ou outro, o que no decurso do tempo também se "amou" um no outro. Um homem, cuja mulher faleceu, contou que ela lhe teria dado, pela primeira vez, a sensação de ser um "homem bonito" – e eles formavam também "um belo casal". Antes de ter conhecido essa mulher, era considerado desajeitado, rebelde, dado a poucos relacionamentos – um jovem espinhoso. Isso sua mulher via perfeitamente – ela não deixou passar em branco, mas considerava o que era desajeitado como autêntico e inconformado, algo que lhe agradava; o que era rebelde como corajoso, e a falta de relação como a relacionalidade com seu trabalho, seu mundo intelectual. E assim, ele se tornou bem mais sério, corajoso e, apesar de seu grande fascínio por seus pensamentos, um pouco mais relacionado. Ele não precisou sacrificar este desenvolvimento, mesmo quando havia perdido sua esposa. Era a maneira como ela continuava a viver nele e através dele; era o que ela havia amado nele.

---

83. Cf. KAST, V. *Sich einlassen und loslassen – Neue Lebensmöglichkeiten bei Trauer und Trennung*. Friburgo i. Br., 1994/2008.

Na fase do enamoramento, mas também em sonhos nos quais aparece o casal *anima* e *animus*, as experiências de totalidade são vivíveis; por exemplo, palpáveis no sentimento de fazer parte de um grande todo.

Esta experiência deixa claro: no caso do desejo de amor, trata-se não apenas da ligação entre o eu e o tu, mas para além disso, experimenta-se o si-mesmo[84], o arquétipo da totalidade. Simbolicamente, o si-mesmo frequentemente aparece no símbolo da união de um casal de amantes. A partir da vivência, este símbolo da *Coniunctio*, como o denomina Jung, une a vivência do amor, da totalidade, do desejo de supressão de fronteiras. O desejo de amor e o desejo do si-mesmo dificilmente podem ser separados: quando somos tomados pelo amor, a isso está sempre associado um desejo que ultrapassa esta relação amorosa[85]. Neste símbolo estão interligados um ao outro o amor sexual apaixonado, o amor corporal e o amor espiritual.

Se a *anima* e o *animus* são figuras com que nos confrontamos em todas as pessoas a partir das profundezas, as quais, no final de contas, quando são unidas uma à outra, dão-nos sempre de novo, ainda que apenas transitoriamente, uma sensação de totalidade, de conexão com tudo, em definitivo,

---

84. Cf. KAST, V. *Die Tiefenpsychologie nach C.G. Jung*. Stuttgart, 2007, p. 45ss.

85. Cf. KAST, V. Wurzeln und Flügel – Zur Psychologie von Erinnerung und Sehnsucht. In: NEUEN, C. (ed.). *Sehnsucht und Erinnerung – Leitmotive zu neuen Lebenswelten*. Düsseldorf, 2006, p. 9-29.

de espiritualidade, então a relação deles entre si deve ser de particular importância.

Assim como *anima* e *animus* reiteradamente se encarnam em relacionamentos e, a partir daí, provavelmente são as imagens arquetípicas mais importantes porque nós lidamos constantemente com mulheres e homens, então a *conexão* entre *anima* e *animus* deve se mostrar também nos relacionamentos. Não, porém, de tal modo que alguém simplesmente assume a parte da *anima*, a outra pessoa a parte do *animus*, mas sim, que toda uma constelação de casal possa ser vivida na psique de cada um. O ato criador da procriação e da parturição, expresso nessas fantasias, cria um mundo de relacionamento; ao mesmo tempo, porém, igualmente um novo mundo interior: crescemos para além de nós mesmos, podemos transcender o que já nos tornamos. Isso dá certo quando admitimos a entrega a essas imagens, quando nos deixamos nos apoderar por elas e conseguimos deixar acontecer o que elas provocam.

A conexão entre *animus* e *anima* – intrapsiquicamente ou em uma fantasia relacional na qual ambos se encontram – sempre trará consigo uma sensação de vida, de estar inspirado mental-espiritualmente, e também frequentemente a sensação do amor.

A ânsia pelo totalmente Outro

O estranho misterioso, a estranha misteriosa em nossa psique podem ser também compreendidos como "o Outro".

Mediante o relacionamento com o semelhante como o outro ou a outra, abre-se uma dimensão para o Outro, para um Outro que ultrapassa largamente a pessoa amada. Em um relacionamento, sempre somos o outro ou a outra para a pessoa amada. Nesse Outro, podemos chegar a nós mesmos, desejamos esse outro, essa outra. Contudo, jamais compreendemos totalmente esse outro, e ele também sempre pode ser diferente do que esperamos. Por essa razão, uma pessoa amada, quando não a conhecemos totalmente, permanece sempre um Outro. *Animus* e *anima* como o Outro conferem à fantasia relacional uma profundidade muito especial.

A propósito, uma citação de Lévinas: "O amor continua a ser uma relação com outrem, que se transforma em necessidade [...]. Mas o amor transcende do outro, do amado"[86]. Para Lévinas, este é o mistério do eros: eis uma pessoa que é desejada, e, no desejo, abre-se a ânsia que ultrapassa de longe a pessoa desejada. E esse desejo poderia ser expresso no casal *animus* e *anima* – como o estranho misterioso. Vistos dessa forma, a *anima* e o *animus* orientariam as relações amorosas, mas jamais as esclareceriam suficientemente, porque elas, para além desse relacionamento vivido, ainda teriam sempre um significado adicional para os amantes.

> O Desejo é desejo do absolutamente Outro.
> Para além da fome que se satisfaz, da sede que

---

86. LÉVINAS, E. *Totalität und Unendlichkeit*. Munique, 1993/2003, p. 371s. [Ed. portuguesa: *Totalidade e infinito*. Trad. de J.P. Ribeiro. Lisboa: Ed. 70, 1980, p. 233-234].

> se mata e dos sentidos que se apaziguam, a metafísica deseja o Outro para além das satisfações, sem que da parte do corpo seja possível qualquer gesto para diminuir a aspiração, sem que seja possível esboçar qualquer carícia conhecida, nem inventar qualquer nova carícia! Desejo sem satisfação que, precisamente, entende o afastamento, a alteridade e a exterioridade do Outro[87].

No desejo, na ânsia torna-se evidente que o outro jamais está destinado a satisfazer nossas necessidades, mas que por meio do outro ser humano no amor deve ser experimentada a dimensão do "Alto", do "Invisível".

A ânsia, o desejo são animados por um Absoluto, por algo que nós podemos colocar em conexão com a totalidade, com o lar, com o Indizível. Parte-se dessa ideia do todo, que nos "puxa" e também dinamiza.

Esta ânsia jamais pode ser preenchida. Em todo caso, não é para isso que ela existe. Ela dá cor às nossas ânsias e desejos concretos, e dá energia para também realizá-los. As ânsias e os desejos concretos visam a relacionamentos bem-sucedidos.

No entanto, parece que nós sobrecarregamos os relacionamentos quando queremos que a ânsia pelo absolutamente Outro seja satisfeita por nossos parceiros amorosos. Poderíamos ser-lhes agradecidos pelo fato de que, mediante a constelação de *anima* e *animus*, por meio das fantasias relacionais, através do confronto com estas mediante o relacionamen-

87. Ibid., p. 37 [ibid., p. 22].

to vivido, sempre reaparece a ânsia pelo totalmente Outro como um anseio que transcende nossa cotidianidade e nossa relacionalidade com o eu.

Conecte-se conosco:

facebook.com/editoravozes

@editoravozes

@editora_vozes

youtube.com/editoravozes

+55 24 2233-9033

www.vozes.com.br

Conheça nossas lojas:

www.livrariavozes.com.br

Belo Horizonte – Brasília – Campinas – Cuiabá – Curitiba
Fortaleza – Juiz de Fora – Petrópolis – Recife – São Paulo

Vozes de Bolso

EDITORA VOZES LTDA.
Rua Frei Luís, 100 – Centro – Cep 25689-900 – Petrópolis, RJ
Tel.: (24) 2233-9000 – E-mail: vendas@vozes.com.br